LA COMTESSE
DE SALISBURY

PAR

ALEXANDRE DUMAS.

Deuxième Édition.

IV

PARIS
ALEXANDRE CADOT ÉDITEUR,
52, RUE DE LA HARPE

1848

LA COMTESSE DE SALISBURY.

Ouvrages de A. de Gondrecourt.

EN VENTE :

Un ami diabolique. . . . . 3 vol. in-8
Les Péchés mignons. . . . . 3 vol. in-8
Les derniers Kerven. . . . . 2 vol. in-8
Médine. . . . . 2 vol. in-8
La marquise de Candenil. . . . . . 2 vol. in-8

SOUS PRESSE :

La Chasse aux diamants.

Le bout de l'oreille.

Ouvrages d'Emmanuel Gonzalès

Les sept baisers de Buckingham. . . 2 vol. in-8
Les Francs-Juges. . . . . 2 vol. in-8

Sceaux. — Imprimerie de E. Dépée.

LA COMTESSE
DE SALISBURY

PAR

ALEXANDRE DUMAS.

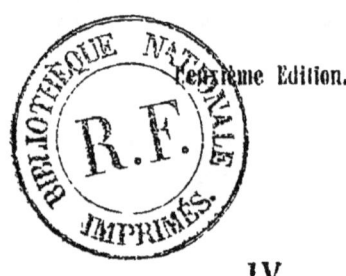

Deuxième Edition.

IV

PARIS
ALEXANDRE CADOT, ÉDITEUR,
32, RUE DE LA HARPE.
—
1848

Maintenant jetons un regard en arrière et cherchons ce qu'était ce Robert d'Artois que nous avons vu au commencement de cette histoire déposer devant le roi le héron sur lequel les vœux furent faits. Voyons quelle était la cause de la haine du roi Philippe pour lui, et quelles avaient été de son côté ses raisons de vengeance contre son roi, car Robert d'Artois a déjà joué un grand rôle dans les évènements qui ont précédé, et il va en jouer un au moins aussi important dans ceux qui vont suivre.

Ce Robert d'Artois était petit-fils de ce Robert Ier, surnommé le bon et le vaillant, lequel était troisième fils de Louis VIII, et suivit son père, saint Louis, en Egypte. Celui-là fut tué à la bataille de Mansourah, qu'il avait engagée malgré la promesse faite au roi de l'attendre après avoir passé le Nil.

Ce Robert d'Artois était à ce qu'il paraît un modèle de chasteté, de sorte qu'il n'eut d'enfant mâle qu'après sa mort. Cet enfant fut Robert II, qui suivit la seconde croisade en 1270, que le roi fit pair de France et qui fut tué en 1302, dans un engagement contre les Flamands. Son corps fut retrouvé percé de trente coups de lance. Robert II eut pu être surnommé le vaillant, comme son père.

Son fils, mort avant lui, avait laissé un descendant qui fut Robert III, et qui était né en 1287. Mais Robert II avant de mourir, ne se voyant pas d'héritier mâle, laissa à sa fille Mahaut le comté d'Artois, qu'elle apporta en dot à Othon, comte de Bourgogne.

A la mort de son aïeul, Robert revendiqua le comté. Telle fut la première cause de cette guerre de cent ans, dont, comme dit Froissard, « grande désolation « avint au royaume de France et en plu- « sieurs pays. »

Mais, en 1302, il y eut un arrêt rendu, par lequel Robert III était débouté de ses prétentions sur l'Artois et la comtesse de Mahaut maintenue dans son héritage.

Robert n'était pas homme à se tenir ainsi pour battu. En 1309 il revint à la charge, et demanda une sentence arbitrale, laquelle lui fut accordée et confirma le premier arrêt, en ajoutant cependant un conseil qui ressemblait fort à un ordre et qui était conçu en ces termes :

« Que le dit Robert amast ladite com-
« tesse de Mahaut comme sa chière tante,
« et la dite comtesse le dit Robert comme
« son cher nepveu. »

Ceci se passait sous le règne de Philippe IV, et comme on le voit cette discussion n'était pas près de finir.

Philippe IV mourut, et Louis X monta sur le trône.

Deux ou trois ans après survint un évènement qui rendit l'espoir à Robert : les Artésiens se révoltèrent contre la comtesse de Mahaut. Nous n'affirmerons pas que Robert ne fut pour rien dans cette révolte dont il comptait profiter et qui semblait lui venir si merveilleusement en aide.

Malheureusement, il se trouva une armée aux ordres de Philippe-le-Long, qui força de nouveau Robert, impuissant par les armes, à s'en remettre à la justice, et une troisième fois les prétentions du comte furent rejetées.

Le roi voulut consoler Robert et lui donna la terre de Beaumont-le-Roger, qui fut érigée en pairie et par laquelle il avait dans l'état le même rang que par la possession de l'Artois.

Robert eut l'air d'être consolé, et il

attendit tout simplement que les membres de la race régnante fussent tous morts puisqu'aucun de ces rois ne voulait lui faire justice. Il fallait que Robert eut un secret pressentiment de l'avenir, car Philippe V jeune encore pouvait vivre de longues années, et avait, en outre, trois fils qui auraient sans doute autre chose à faire qu'à appuyer les droits douteux de Robert, de si haut lignage qu'il fût.

Cependant Philippe V mourut en 1322 et Charles-le-Bel qui lui succéda mourut à son tour en 1328, après avoir épousé trois femmes dont pas une ne laissa un enfant mâle.

Jeanne d'Evreux, la dernière, était enceinte de sept mois lorsque le roi mourut. Celui-ci se voyant au moment de trépasser, dit aux seigneurs qu'il avait rassemblés autour de son lit, que si la reine accouchait d'une fille ce serait aux grands barons de France à adjuger la couronne à qui de droit appartiendrait.

Deux mois après Jeanne accouchait d'une fille.

La reine Isabeau, mère d'Edouard III, veuve d'Edouard II qu'elle avait fait assassiner comme on l'a vu au commencement de ce livre, se présentait comme héritière du trône de France contre

Philippe de Valois. Ce qu'attendait Robert arrivait.

Les grands barons se réunirent, et quoiqu'ils ne fussent pas d'accord d'élire Philippe, disent les chroniques, Robert fit tant que messire Philippe fut élu.

C'était un grand pas pour Robert. Ajoutez à cela qu'il avait épousé Jeanne de Valois, sœur du roi, qui ne se contentait pas d'être comtesse de Beaumont et qui assurait que son frère rendrait l'Artois à Robert, si celui-ci pouvait produire une pièce justificative, si petite que fut cette pièce.

Malheureusement, et nous pouvons nous servir de cette expression en songeant aux malheurs qu'eût prévenus cette injustice ou du moins cette faveur du nouveau roi, malheureusement la reconnaissance sur laquelle Robert avait compté de la part de Philippe devait lui manquer.

La comtesse Mahaut qui ne savait trop à quoi s'en tenir sur la décision que prendrait Philippe, eut peur pour son comté, et arriva en toute hâte à Paris. Il paraît qu'à cette époque l'air de la capitale était mauvais pour ceux qui n'y étaient point habitués, car il y avait à peine quelques jours que la comtesse résidait à Paris, qu'elle mourut, et cela si subitement que l'on n'eut même pas le temps de savoir de quelle maladie elle était morte.

Le bruit courut bien un peu qu'elle avait été empoisonnée, mais ce bruit se perdit comme tous ceux qui peuvent compromettre un grand nom.

Cependant la comtesse de Mahaut avait une fille qui avait épousé Philippe-le-long, celui-là même qui s'était mis à la tête d'une armée pour défendre sa belle-mère. Cette fille héritait des droits de sa mère. Mais voilà que trois mois après la mort de la comtesse, sa fille rentrée chez elle eut soif, fit venir son *bouteiller*, nommé Huppin et lui demanda à boire.

Celui-ci s'empressa d'apporter à sa maîtresse ce qu'elle lui demanda.

Or, il faut croire que le vin était mauvais ou que celle qui avait soif était antérieurement malade, car à peine avait-elle bu qu'elle fut prise de grandes douleurs et mourut tout-à-coup, rendant le venin par les oreilles, la bouche, les yeux et le nez, et ne laissant qu'un corps taché de blanc et de noir.

Comme on le voit, le hasard servait admirablement Robert d'Artois.

Une circonstance nouvelle devait encore ajouter à ses espérances. L'évêque d'Arras venait de mourir. Cet évêque qui avait été le conseiller de la comtesse

Mahaut, avait eu une maîtresse, tout évêque qu'il était, laquelle était une certaine dame Divion, qui se trouva hériter de beaucoup de biens à la mort de son amant. La comtesse avait poursuivi cette dame en restitution et la Divion s'était sauvée à Paris avec son mari, car elle en avait un.

Pendant ce temps, Robert avait affirmé qu'au mariage de Philippe d'Artois avec Blanche de Bretagne, quatre lettres stipulées dans le traité de mariage avaient été ratifiées par le roi, lettres qui donnaient l'Artois à Robert, et qui depuis la mort du comte son aïeul, avaient été soustraites par sa chère cousine, Mahaut d'Artois.

En raison de cette allégation, Philippe, qui à la mort de la fille de la comtesse, avait admis le duc de Bourgogne, son mari et frère de la femme du roi à la jouissance du comté, n'avait fait cette concession qu'en réservant à Robert le droit de prouver ce qu'il avait allégué.

Si nous insistons sur ces contestations d'héritage, c'est que, comme nous l'avons déjà dit, ces contestations firent cette grande guerre dont nous avons entrepris de raconter les résultats et dont par conséquent nous devons bien clairement asseoir les causes.

Nous sommes l'esclave de l'histoire et non de notre fantaisie. D'ailleurs cette grande époque offre assez d'intéressantes péripéties pour que notre imagination ne soit jamais forcée de venir au secours des évènements, et tout ce qui regarde Robert d'Artois n'est pas le moins attrayant des détails que nous avons à mettre sous les yeux du lecteur.

La Division était donc depuis fort peu de temps à Paris, lorsqu'un soir une femme inconnue se présenta chez elle. — Cette femme avait à la fois dans la voix le ton du commandement et de la résolution. A la façon dont elle interpella dès son entrée la Division, celle-ci comprit qu'elle avait affaire à une femme qui avait l'habitude de se faire obéir, et qui venait chez elle avec la volonté bien affermie d'avoir ce qu'elle y venait chercher.

Aussi la Divion resta-t-elle debout malgré elle quand la visiteuse se fût assise.

— Madame, lui dit cette dernière, vous avez connu l'évêque d'Arras?

— Oui, répondit la Divion en rougissant du ton impertinent avec lequel cette parole avait été dite.

— Vous avez beaucoup de papiers scellés de son sceau et venant de lui?

— Il est vrai.

— Et vous devez être fort irritée contre ces Mahaut qui vous ont poursuivie ?

— C'est encore vrai, Madame.

— Alors vous êtes la femme qu'il nous faut.

La Divion regarda plus attentivement encore cette femme qui semblait convaincue qu'elle ne trouverait aucune résistance à ce qu'elle voulait dans celle qu'elle questionnait ainsi.

— Il s'agit, reprit l'inconnue, de me donner tous les papiers qui vous viennent de l'évêque Thierry.

— Et de quel droit les demandez-vous, Madame ? hasarda la Divion.

— Vous devez comprendre au ton de

mes paroles que j'ai le droit d'exiger ce que je demande. Donnez-moi donc ces papiers et faites promptement, car j'en ai besoin au plus tôt.

Et celle qui venait de parler se leva comme si elle eût été impatiente que ses ordres fussent vite exécutés.

— En effet, répliqua la Divion, mais sans faire un mouvement, je vois au ton de vos paroles que vous êtes habituée à commander, Madame ; cependant permettez-moi de vous demander quels sont parmi ces papiers, ceux qui doivent vous être utiles.

— Tous ceux qui ont rapport à la succession de l'Artois.

— Alors, Madame, vous avez pris une peine inutile en me visitant, car je n'ai aucun des papiers que vous venez de dire.

— L'évêque Thierry n'était-il pas le conseiller de la comtesse Mahaut?

— Oui.

— La comtesse n'a-t-elle pas hérité frauduleusement du comté d'Artois qui revenait au comte Robert?

— C'est ce que j'ignore, fit la Divion.

— Vous l'ignorez?

— Je le répète.

— Mais, comme conseiller de la comtesse, l'évêque a dû être informé de toutes ces contestations.

— Sans doute.

— La comtesse a dû lui en écrire, et vous qui avez hérité des papiers de cet homme, vous devez avoir des lettres de la comtesse qui prouveraient qu'elle n'avait aucun droit à cette succession, car la comtesse n'avait pas de secrets pour son conseiller et son conseiller n'avait pas de secrets pour vous.

— Si j'avais eu en mon pouvoir les lettres dont vous me parlez, Madame, je m'en fusse servi à l'époque où j'étais en conteste avec la comtesse Mahaut; et ne l'ayant pas fait, c'est que je ne les avais pas.

— Il faudra pourtant que vous trouviez

ces lettres et que vous me les donniez.

Cette parole avait été dite d'un ton si impératif et si clair que la Divion recula.

— Mais puisque ces lettres n'existent pas, reprit-elle, pour vous les donner, il faudrait que je les fisse.

— Vous les ferez.

— Mais ces lettres seront fausses.

— Peu importe.

— Je serai condamnée comme faussaire.

— Qui le saura? D'ailleurs je réponds de tout.

— Et si je refuse?

—Je vous y contraindrai.

— Qui êtes-vous donc, Madame? pour

venir ainsi me donner l'ordre de commettre un crime.

— Je suis Jeanne de Valois, sœur du roi Philippe V, femme du comte d'Artois, le seul héritier du comté de ce nom. Or, continua Jeanne en souriant : comme mon frère veut absolument des preuves, nous lui en donnerons et j'ai compté sur vous pour cela. Me croyez-vous assez riche pour payer largement ces lettres, assez forte pour vous protéger si nous succombons, assez puissante pour vous perdre si vous me refusez?

La Division ne put que s'incliner sans répondre et comme pour attendre les ordres que la comtesse avait à lui donner.

Celle-ci le comprit du moins ainsi, car elle se rapprocha de cette femme, et lui dit :

— Vous avez des sceaux de l'évêque ?

— Oui, Madame.

— Vous connaissez assez son écriture pour l'imiter ?

— J'essaierai.

— Ce n'est pas tout, nous aurons besoin d'autres pièces encore où le sceau du comte Robert II sera utile, vous vous le procurerez.

— Où le trouverai-je ?

— Vous partirez pour l'Artois, et ce

qu'on vous en demandera vous le donnerez. Vous trouverez bien là quelqu'un qui aura conservé ce sceau, et qui sera heureux d'en trouver un bon prix.

— Et vous m'assurez que je ne cours aucun risque, Madame?

— Fiez-vous à moi. D'ailleurs, quoiqu'il arrive, niez. Et maintenant, puis-je compter sur vous?

— Ordonnez.

— Vous partirez demain et vous reviendrez dès que vous vous serez procuré le sceau du comte.

— Je partirai demain.

— Aussitôt votre retour, vous ferez

prévenir le comte d'Artois que vous êtes à Paris.

La Divion paraissait réfléchir et ne répondait pas.

— Vous m'entendez, ajouta Jeanne. Peut-être songez-vous en ce moment au moyen de vous enfuir une fois que vous aurez gagné l'Artois; ce serait peine perdue, car, de loin comme de près, il doit arriver malheur à nos ennemis.

La Divion tressaillit comme une femme dont on a surpris la plus secrète pensée.

— Je suis votre esclave, répliqua-t-elle, et prête à faire tout ce qu'il vous plaira m'ordonner.

— C'est bien, fit Jeanne en sortant; pour aujourd'hui, c'est tout ce que je veux; à votre retour nous nous occuperons du reste. A bientôt.

La Division s'inclina et Jeanne sortit.

Quand celle-là fut seule, elle passa dans une autre chambre où elle trouva son mari, et elle lui dit:

— Je viens d'avoir une visite qui fera ma fortune ou qui me fera brûler.

Et elle lui raconta la scène qui venait d'avoir lieu entre elle et Jeanne de Valois.

Le lendemain, elle partit comme elle s'y était engagée.

Jeanne de Valois rentra chez elle, et une fois rentrée, fit appeler Robert à qui elle annonça la démarche qu'elle avait faite.

— Puisque mon frère veut absolument

des preuves, dit-elle, nous lui en donnerons.

— Et cette femme vous a promis d'obéir, demanda Robert.

— Soyez tranquille. Il y a un genre de promesses qui fait obéir les moins dociles. Avant huit jours elle sera revenue avec le sceau de votre aïeul Robert II.

— C'est bien, alors, répliqua le comte. Dieu veuille que nous réussissions, mais je doute.

— Et pourquoi ?

— Parce que nous avons déjà échoué trois fois, et que cette cause me semble décidément perdue.

— Que peut-il arriver ?

— Que le roi apprenne que ces pièces sont fausses.

— Qui le lui dira ?

— Cette femme, qui avouera tout le jour où monseigneur Philippe lui fera, pour qu'elle parle, les promesses que vous lui avez faites pour qu'elle vous obéisse.

— Je ne vous vis jamais si prévoyant, Robert, répondit Jeanne avec une sorte de dédain, et n'êtes-vous donc plus ce Robert que j'ai connu. A quoi bon avoir tenté si souvent cette entreprise pour en désespérer lorsqu'elle a le plus de chances de réussir. Ne vous rappelez-vous pas ce que mon frère m'a dit : Fournissez une preuve, si petite qu'elle soit, et la comté vous sera rendue. Pouvait-il me dire hautement de fabriquer ces pièces si elle n'existaient pas ? Non. Mais, c'était me laisser comprendre qu'il ne serait pas bien scrupuleux sur l'origine et l'authenticité des documents que je lui donnerais. Tout ce qu'il veut, c'est que ces documents soient écrits pour avoir le droit de dire qu'il a cru se rendre à l'évidence. D'ailleurs, Robert, vous interprétez mal mes paroles. Qui vous dit que ces pièces n'existent pas. Cette femme a nié d'abord qu'elles existassent, et elle a promis ensuite de les fournir. C'est sans doute pour avoir le droit de les vendre plus cher. Faites comme moi, soyez convaincu qu'elle va trouver les preuves dont nous avons besoin dans les papiers de l'évêque Thierry, et attendez, je ne dirai pas sans crainte, car un homme comme vous ne craint pas, mais sans douter un seul instant de la réussite de cette tentative.

— Vous vous trompez, Jeanne, je crains, fit Robert en se rapprochant de sa femme, mais je ne crains pas pour moi, qui suis un homme habitué aux luttes et aux guerres, je crains pour vous et pour nos deux enfants, dans le cas où le roi s'irriterait de ce mensonge, car nous savons bien que c'en est un, et punirait sur la femme et les enfants la faute de l'époux et du père. Voilà ce que je crains, Jeanne.

— Et vous avez tort, continua celle-ci. Le roi est mon frère et vous êtes un de ceux à qui il doit sa couronne. Le jour où il voudra punir, il y aura deux voix qui lui conseilleront l'indulgence, deux voix plus fortes que celles de la justice, la voix du sang et la voix de l'intérêt. D'ailleurs, je vous le répète, nous ignorons tout. L'évêque d'Arras meurt; cet évêque était le conseiller de la comtesse Mahaut et l'amant de cette Divion. Celle-ci hérite de tous les papiers. Nous lui demandons si, parmi ces papiers, il en est qui prouvent nos droits sur l'Artois, en lui promettant de les lui payer magnifiquement. Cette femme nous apporte ces papiers, nous lui donnons sa récompense. Les papiers sont faux. Tant pis pour elle. La justice a son cours, et il nous reste le droit de dire que nous avons été trompés. Tout ceci serait la chose du monde la plus simple pour des héritiers obscurs, à plus forte raison pour un descendant de Saint-Louis et une sœur de Philippe VI.

— *Ex labris feminæ spiritus,* comme dit l'Évangile, répondit Robert, et que votre volonté soit faite, Jeanne.

— Bien, Monseigneur, ayez courage

et ce sera jour de fête pour nous et pour les Artésiens, le jour où nous rentrerons côte à côte dans notre vieille comté d'Artois.

Les yeux de Robert brillèrent de joie à cette espérance, et à compter de ce jour, il ne devait plus avoir ni craintes ni remords.

Peu de temps après, La Divion, revenue à Paris, faisait informer la comtesse de son retour. Jeanne se rendit chez elle, car elle ne voulait pas qu'on pût dire que l'on avait vu La Divion franchir le seuil de sa maison, mais elle s'y rendit comme une princesse de sang royal qui ne veut pas êtes reconnue, c'est-à-dire la nuit, seule et voilée.

Lorsque Jeanne se présenta, une femme vint lui ouvrir la porte et l'introduisit dans une chambre où, à la lumière d'une chandelle, La Divion examinait certains papiers.

En reconnaissant Jeanne, La Divion se leva et fit signe à la servante de sortir.

— Eh bien? demanda la comtesse.

— Voici le sceau du comte Robert, Madame.

Et elle passa en effet le sceau à Jeanne qui l'examina attentivement.

— Mais, continua-t-elle, il m'a donné

grand'peine à avoir. Je l'ai d'abord cherché vainement, et j'ai fini par le trouver entre les mains d'un homme, nommé Ourson-le-Borgne. Cet homme a deviné de quelle importance ce sceau était pour moi, car il en a demandé trois cents livres; que je n'avais pas. Alors, je lui ai offert en gage un cheval noir, sur lequel mon mari avait joûté à Arras. Mais il ne parut pas comprendre comme moi l'honneur qu'il y avait à posséder un pareil animal; et, secouant la tête, il refusa. Je priai donc mon mari de m'autoriser à déposer autre chose, et je déposai des joyaux, deux couronnes, trois chapeaux, deux anneaux, deux affiches, le tout d'une valeur de sept cent vingt-quatre livres parisis. Alors, seulement, Ourson consentit, et je suis revenue en toute hâte à Paris.

— C'est bien, fit Jeanne en jetant une bourse sur la table, voici de quoi racheter votre dépôt. Est-ce tout ce que vous avez fait?

— Non, madame, et voici un sceau de l'évêque Thierry que j'ai pris à une de ses lettres et qui vous servira pour celle que nous écrirons.

— Ce n'est pas tout. Il faut s'informer à Saint-Denis quels étaient les pairs à l'époque où auraient été faits les actes que nous allons faire.

— Demain même je le saurai.

— En outre, vous savez que le roi Philippe n'écrivait jamais ses lettres qu'en latin, il faudra donc que la lettre de confirmation dont nous aurons besoin soit écrite en cette langue.

— Je connais un chapelain de Meaux, nommé Thibaulx, qui avait de grandes obligations à Monseigneur l'évêque d'Arras et qui nous fera cette lettre en latin.

— Ainsi tout est prévu.

— Tout, madame, excepté ce qu'il plaira à Dieu nous envoyer.

— Priez Dieu qu'il conserve couronne et santé à monseigneur le roi Philippe, et si Dieu exauce votre prière, vous n'aurez rien à craindre des hommes.

La Divion se mit aussitôt à l'œuvre et elle alla vite en besogne.

A mesure que les fausses pièces étaient faites elle les faisait passer à Robert d'Artois. Elle avait même été jusqu'à demander qu'elles fussent vérifiées par des experts en écriture.

Cependant La Divion ne pouvait faire elle-même ces lettres et son mari ne le pouvait pas davantage. Il avait donc fallu trouver un homme habile, pauvre et discret.

Ce chapelain de Meaux qui en reconnaissance des services que lui avait rendus l'évêque d'Arras, avait donné le texte latin d'une lettre à sa presque veuve, enseigna à la dame Divion certain clerc, nommé Prot, lequel mourait quelque peu de faim et était homme à faire habilement tout ce qui lui serait demandé, moyennant qu'aux heures où il aurait faim, il fût sûr d'avoir à manger.

On fit venir ledit clerc et on commença par lui mettre entre les mains une bourse comme depuis longtemps il n'en avait rêvé une, en échange de quoi il consentit à tout ce que l'on voulut.

On commença par lui faire écrire une lettre signée de l'évêque Thierry et dans laquelle il demandait pardon à

Robert de lui avoir soustrait en faveur de la comtesse Mahaut ses titres à la propriété de l'Artois. — On faisait dire dans cette lettre au digne évêque que tous ces titres avaient été jetés au feu par un des grands seigneurs de France, ce qui désignait sans doute Philippe-le-Long, mais qu'il avait heureusement conservé une lettre qui à elle seule confirmait cette possession.

Quand cette première lettre fut écrite, La Divion chargea Prot de l'aller montrer au comte Robert d'Artois et d'en recevoir ses félicitations si elle était bien faite, et ses reproches si elle était mal imitée.

Robert répondit au clerc, tremblant à la fois, d'avoir fait un faux et de se trouver en présence et complice d'un si haut personnage, que, si toutes les pièces étaient ainsi bien imitées le résultat était certain, ce qui rendit un peu de courage au pauvre diable qui, depuis qu'il avait entrepris cette besogne, ne dormait ni ne mangeait plus, de sorte que l'argent qu'on lui donnait ne changeait rien à sa position, car autrefois il avait l'appétit sans l'argent, et maintenant il avait l'argent sans l'appétit.

Prot revint donc apporter à La Divion la réponse du comte, espérant qu'il en serait quitte pour cette première épreuve, mais quand La Divion eut appris que Robert avait été content de lui, elle lui dit qu'il fallait immédiatement se remettre au travail et écrire la lettre la plus importante, c'est-à-dire celle dans laquelle la comtesse Mahaut avouait à l'évêque ses craintes sur l'issue des prétentions de Robert, ces prétentions étant reconnues par elle légitimes et justement fondées.

Une sueur froide coula sur le front du pauvre clerc, et remettant sur la table la somme à peu près intacte qu'il avait reçue, il demanda, il supplia même qu'on ne le contraignît pas à écrire cette lettre. Mais La Divion n'était pas femme à se laisser émouvoir par ces prières, et comme il eût été difficile de retrouver un copiste aussi intelligent, elle refusa à Prot la liberté qu'il implorait en commençant par les raisonnements et en finissant par les menaces.

Le pauvre garçon se rassit, prit une plume d'airain pour déguiser son écriture et fit la seconde lettre de telle façon qu'une bourse pareille à la première lui fut donnée par Jeanne et que de grands compliments lui furent de nouveau adressés par le comte.

Mais ce jour-là ce n'était pas Prot qui était allé porter au comte la nouvelle pièce, c'était le mari de La Division, et lorsque le soir le clerc s'était apprêté à rentrer chez lui, il avait trouvé la porte de la chambre dans laquelle il travaillait hermétiquement fermée, et il lui avait été répondu que comme on pouvait avoir besoin de lui à toute heure du jour et de la nuit, il avait été décidé qu'il coucherait dans une chambre voisine et attenant à l'appartement de La Divion.

Ce fut le dernier coup.

Aux soins qu'on prenait de le garder, le clerc comprit la gravité de ce qu'on lui faisait faire. Il se jeta aux pieds de la dame Divion, espérant trouver plus de compassion dans le cœur d'une femme que dans celui d'un homme, mais celle-ci fut inflexible. Une fois ses premiers scrupules levés, elle ne voyait plus dans ce qu'elle faisait que la source de sa fortune, et peu lui importait que ce clerc fût compromis comme peu importait à Jeanne que La Divion fût brûlée.

Il fallut bien se résigner. Prot se résigna et entra dans la chambre qu'on lui avait préparée.

Mais toute la nuit il vit quoique éveillé des sergents qui venaient l'arrêter, des bûchers flamboyants qu'on dressait pour lui, des tortures incroyables dont on faisait l'essai sur son pauvre corps, de sorte qu'à chaque minute il s'exclamait :

— Hélas ! hélas ! voici les sergents qui me viennent quérir ! Grâce ! grâce !

Et comme rien ne répondait à ses cris, il s'en vint pâle et pleurant heurter à la porte de la chambre de La Divion en s'écriant :

— Laissez-moi partir ! J'ai trop grand'-peur et, je vous en préviens, si l'on m'arrête, je dirai tout et n'épargnerai personne.

Ce fut à un tel point que le lendemain le mari de La Divion s'en alla quérir le comte Robert, lui disant de venir prier ou menacer le clerc, sans quoi il était capable par ses cris de révéler ce qui se passait.

Le comte vint et promit à Prot que dès que sa dernière lettre serait écrite, sa liberté lui serait rendue et qu'il lui serait donné assez d'argent pour fuir au bout du monde si tel était son loisir.

Prot reprit courage sur cette promesse, et les autres preuves furent écrites, entr'autres : une charte de Robert qui assurait l'Artois à son petit-fils.

Lorsque tout fut terminé, Prot réclama la promesse du comte qui lui donna de l'argent et qui lui facilita les moyens de quitter Paris.

On n'a jamais su ce qu'il était devenu.

La Divion sembla hériter des terreurs de son clerc quand il fut parti. Tant qu'elle avait pu commander à quelqu'un elle avait oublié les craintes, mais quand à son tour elle fut aux mains de Robert ce que Prot avait été aux siennes; elle eut peur. Elle comprit qu'au jour de l'accusation et de la vérité elle n'aurait personne sur qui rejeter son crime, et qu'au contraire ceux à qui elle obéissait le rejeteraient entièrement sur elle. Alors elle voulut revenir sur ses pas, mais il était trop tard. Une quatrième fois Robert appuyé sur ses preuves avait invoqué la justice du roi.

Philippe VI, averti de ce qui se passait, fit appeler Robert, et lui demanda s'il comptait réellement faire usage des pièces qu'il avait offertes et qu'il savait être fausses.

Robert crut en imposer au roi, et lui dit qu'il soutiendrait encore ses droits comme il les avait toujours soutenus, et cela avec tant de fierté que lorsque Robert sortit de sa chambre, le roi non-seulement ne voyait plus en lui un de ceux qui l'avaient le plus soutenu, mais devinait déjà un ennemi dans cet homme.

Néanmoins cinquante-cinq témoins se présentèrent, qui vinrent déposer en faveur de Robert. Il y en eut même qui affirmèrent qu'Enguerrand de Marigny, allant à la mort, avait avoué sa complicité avec l'évêque d'Arras pour la soustraction des titres.

Mais il y en eut un qui avoua tout, ce

fut La Divion, qui, épouvantée des résultats de toute cette affaire, crut obtenir l'indulgence en révélant les mensonges auxquels elle avait pris si grande part.

Après que La Divion eut avoué, tous les témoins avouèrent. Jacques Rondelle, un des principaux, se leva et s'écria :

— Qu'il n'avait déposé ainsi que sur la promesse que cette déposition lui vaudrait un voyage en Galice.

Gérard de Juvigny, se levant à son tour, raconta qu'il avait été tellement ennuyé des visites de monseigneur Robert qui venait le prier de déposer de la sorte, qu'il s'y était engagé pour se soustraire à ces visites.

Robert prit la parole à son tour, et, levant les mains vers le ciel, il jura :

— Qu'un homme vêtu de noir, comme l'archevêque de Rouen, lui avait donné toutes ces lettres de confirmation.

Et en cela même Robert avait raison. Seulement il oubliait de dire que la veille du jour où il avait reçu ces lettres des mains de son confesseur, il les lui avait remises en lui disant de les lui rendre le lendemain, subtilité dont personne ne fut dupe, puisque malgré ses aveux et la protection que lui avait promise Robert d'Artois, La Divion fut brûlée au marché aux Pourceaux, près la porte Saint-Honoré, et les principaux témoins attachés au pilori, vêtus de chemises toutes parsemées de langues rouges.

III

Robert d'Artois n'attendit pas qu'on rendît un jugement pour ou contre lui, il partit pour Bruxelles, ou du moins le bruit de ce départ se répandit.

Cependant, de loin comme de près,

Robert, dont les prétentions repoussées s'étaient changées en haine, eut recours aux moyens les plus violents pour en arriver à la concession de ce qu'il désirait. Des hommes tentèrent d'assassiner le duc de Bourgogne, le chancelier, le grand trésorier et d'autres encore que Robert avait reconnus pour ses ennemis. Ces hommes furent arrêtés et avouèrent qu'ils ne faisaient qu'obéir à messire Robert d'Artois.

Cet homme devenait donc un antagoniste dangereux pour Philippe VI, puisque ne pouvant frapper en plein jour, il combattait dans l'ombre, et, comme un larron, employait le poison et le poignard. Philippe, qui ne pouvait atteindre le comte, sévit contre ceux qui lui étaient chers, et la comtesse de Foix, accusée d'impudicité, fut enfermée au château d'Orthez, sous la garde de Gaston son fils. Jeanne qui avait été, comme nous l'avons vu, complice de la fabrication des fausses lettres, fut reléguée en Normandie, et le comte se trouva à la fois sans patrie et sans famille.

Mais le comte n'était pas homme à perdre ainsi courage.

Tout le monde le croyait déjà loin quand il revint, non pas avec éclat, mais la nuit, seul et inconnu.

Sa première visite fut pour sa femme,

qui arriva à le convaincre que tout Paris serait pour lui, s'il pouvait tuer le roi.

Il n'en fallait pas plus pour rendre l'énergie à Robert. Il continua donc sa route vers Paris, où il arriva la nuit.

Cependant il avait reconnu que le fer ou le poison étaient désormais moyens inutiles et même dangereux pour celui qui s'en servirait. Il fallait donc une mort qui ne laissât pas de traces, et qui semblât une colère de Dieu et non une vengeance des hommes.

En conséquence, vers la saint Remy de l'année 1533, un frère nommé Henry fut nuitamment demandé par Robert.

Il suivit l'homme qui l'était venu quérir, lequel le fit entrer dans une maison obscure d'un quartier éloigné. Au premier aspect, cette maison semblait complètement inhabitée, mais le guide ayant poussé une porte, longé une ruelle, monté un étage, frère Henry se trouva dans une chambre dont les larges volets de bois intérieurs cachaient au dehors la lumière qui l'éclairait.

Dans cette chambre se trouvait le comte d'Artois.

— Vous ici, Monseigneur? fit le frère Henry.

— Oui, frère, mais vous seul le savez, répondit Robert, et c'est pour chose si importante que je n'en pouvais supporte le retard.

— Et je puis vous servir dans cette chose ?

— Oui.

— Parlez, Monseigneur.

Robert d'Artois se leva et s'assura lui-même que personne ne pouvait l'entendre ; puis, quand il s'en fut assuré, il se dirigea vers une armoire qu'il ouvrit, et de laquelle il tira une sorte d'écrin qui y était précieusement renfermé et qu'il déposa sur la table à côté de la lumière.

Cet écrin pouvait être de la longueur d'un pied et demi.

— Qu'est ceci? demanda le moine?

— Ceci, répondit Robert en examinant le frère comme pour voir quelle impression produiraient sur son visage les paroles qu'il allait lui dire, ceci est un vœu que l'on a fait contre moi.

— Qu'est-ce qu'un vœu? ajouta le moine.

— C'est une figure de cire que l'on fait baptiser pour tuer ceux à qui l'on veut du mal.

— Et ce vœu a été fait contre vous, messire?

— Oui.

— Par qui?

— Par la reine de France.

Frère Henry sourit comme un homme qui ne croit pas.

— Vous en doutez? fit Robert.

— Non-seulement j'en doute, répondit le moine, mais je sais notre reine trop fidèle servante de Dieu pour l'invoquer autrement que pour le bien. C'est un ennemi de la reine qui vous a fait ce mensonge ou peut-être un ennemi de vous-même.

Le comte ne répondit rien et parut hésiter quelque temps s'il continuerait à parler ou s'il congédierait le moine.

— Vous aviez raison, dit-il tout-à-coup, cette figure, ne vient pas de la Reine; mais j'ai un secret important à vous révéler, que je ne vous confierai que lorsque vous m'aurez juré de le recevoir comme confession et de n'en rien conter à personne.

— Je le jure, messire.

— En outre, j'aurai sans doute quelque chose à vous demander, et que vous fassiez ou ne fassiez pas cette chose, vous me jurez encore de n'en point parler.

— Je le jure de nouveau.

— C'est bien. Ecoutez-moi donc.

« Vous savez ce que j'ai eu à souffrir de la part de monseigneur le roi, à propos de cette comté qui est bien mienne?

— Je le sais, messire.

— Mais ce que vous ne savez pas, c'est que monseigneur le Roi est innocent de tout cela, et m'eut fait pleine et entière justice, si la reine n'eût été là pour lui conseiller le contraire et le faire agir ainsi à force de fausses insinuations.

Le moine ne répondit rien.

Robert le regarda, mais le frère Henry avait cette figure impassible de l'homme qui reçoit une confession.

— Or, continua Henry, je ne puis supporter un aussi grand dommage, sans désirer m'en venger, et j'ai compté sur vous pour cela.

— Sur moi? demanda le moine étonné.

— Oui.

— Continuez votre confession, Monseigneur.

Robert d'Artois au lieu de continuer ouvrit l'écrin qu'il avait déposé sur la table et en tira une figure de cire, représentant un jeune homme, magnifiquement vêtu et le front couvert d'une couronne.

— Connaissez-vous cette figure, demanda-t-il au moine.

— Oui. C'est celle du prince Jean, répondit celui-ci en avançant la main pour prendre cette image et la voir de plus près.

— Prenez garde d'y toucher, fit Robert, car elle est baptisée et toute prête, mais voilà ce que je vous dis en confession, j'en voudrais avoir une pareille.

— Et contre qui?

— Contre la reine, car le roi ne fera rien de bon tant que cette maudite vivra. Une fois la reine et son fils Jean morts, je fais du roi tout ce que je veux, et je me souviens alors, mon frère, de ceux qui m'ont aidé. Votre ministère, ajouta le comte en voyant le mouvement du moine, votre ministère se borne à bien peu de chose, et ne peut vous compromettre en rien. Une fois la figure faite à l'image de la reine, et je me charge de ce faire, il vous reste à la baptiser en prononçant ses noms, tout comme vous baptiseriez un enfant. Tout est prêt, le parrain et la marraine. Le baptême fait, nous remettons la figure dans son écrin, comme y est celle-ci, vous oubliez ce qui s'est passé et le reste me regarde. Qu'en dites-vous ?

— Je dis, Monseigneur, qu'il vous faut chercher pour cela un serviteur moins fidèle de Dieu et du roi, ou un homme plus ambitieux. Ce baptême est une malédiction, et de cœur ni de pensée je ne saurais maudire notre dame la reine. Or, non-seulement je vous refuserai mon ministère, Monseigneur, mais encore j'essaierai de vous dissuader de l'œuvre que vous voulez, et j'invoquerai pour cela votre propre intérêt, cette religion des grands. Il ne convient pas à un si haut personnage que vous êtes de tenter pareille œuvre sur votre roi et votre reine, qui sont les personnes du monde que vous devez le plus respecter.

— C'est bien, mon frère, fit Robert en refermant l'écrin, voilà votre dernière parole.

— Oui, Monseigneur.

— Alors nous chercherons un moins scrupuleux que vous.

— Et je prierai Dieu, Monseigneur, que pour votre bonheur et le repos de la France il vous le refuse.

— Mais vous n'oublierez pas j'espère,

le secret que vous avez juré à cette confession.

— Quand j'aurai franchi le seuil de cette porte, Monseigneur, ce secret dormira dans mon cœur comme le cadavre dans son tombeau.

— C'est bien, mon frère, allez et que Dieu vous fasse paix.

Le moine s'achemina vers la porte, au moment où il la touchait, Robert se retourna vers lui.

— Une dernière fois, lui dit-il, mon frère, c'est le bien sous l'apparence du mal que je vous demande.

— J'ai déjà oublié, Monseigneur, fit le moine, et il sortit.

Cette nuit-là même, Robert quitta Paris sans avoir pu accomplir la dernière vengeance qui lui restât.

Alors, depuis ce moment jusqu'à son arrivée à la cour d'Édouard III, commença pour Robert une vie qui sembla être le commencement du châtiment que Dieu lui réservait.

Il se réfugia d'abord en Brabant, dont le duc son cousin était assez puissant pour le soutenir; en effet, le duc le reçut à merveille et le réconforta de tous ses ennuis, mais Philippe VI, qui avait conçu contre Robert une haine qui ne devait finir qu'avec sa vie et qui s'exerçait déjà sur ses deux fils, Jacques et Robert, qui furent enfermés au château de Nemours, puis au château Gaillard d'Andelys; le roi, disons-nous, ayant appris l'asile que le duc de Brabant donnait à son cousin, lui envoya menaces sur menaces, lui annonçant que s'il souffrait Robert dans ses états, il n'aurait pire ennemi que lui et lui nuirait dans toutes les occasions qu'il trouverait. Le duc n'osa donc garder le comte et le fit secrètement acheminer au château d'Argenteau, où il devait rester jusqu'à ce qu'on vît ce que ferait le roi.

Mais le roi quand il sut cette nouvelle fit tant que son cousin germain le roi de Bohême, l'évêque de Liége, l'archevêque de Cologne, le duc de Guerle, le marquis de Juliers, le comte de Bar, le comte de Las, le sire de Fauquemont et d'autres seigneurs, s'allièrent contre le duc de Brabant et le défièrent à la requête et sur l'insistance de Philippe VI, ravageant, pillant et incendiant son pays.

Pour que le duc ne se trompât pas à la cause de cette attaque, Philippe envoya contre lui le comte d'Eu, son connétable, avec une grande compagnie de gens d'armes. Le comte Guillaume de Hainaut promit de s'occuper de cette affaire, et il envoya sa femme, sœur du roi Philippe et le seigneur de Beaumont, son frère, par-devant le roi de France, afin d'obtenir une trêve entre lui et le duc de Brabant. Philippe était fort irrité, cependant il accorda cette trêve, à la condition toutefois qu'à un jour fixé par lui-même, le comte d'Artois serait hors des terres du duc de Brabant. Il fallut bien que le duc y consentît, et une seconde fois Robert se remit en route, cherchant un asile et un protecteur.

Il se rendit alors chez le comte de Namur qui l'accueillit comme avait fait le duc. Mais Philippe était opiniâtre dans sa haine, si bien qu'il envoya dire aussitôt à Adolphe de Lamarck, évêque de Liège qu'il eut à défier et à combattre le comte, s'il ne mettait au plus vite Robert hors de sa compagnie.

« Cet évêque, dit Froissard, qui aimait moult le roi de France et qui petit aimait ses voisins, manda au jeune comte de Namur qu'il mît son oncle, messire Robert d'Artois, hors de son pays et de sa terre. »

Alors traqué comme une bête fauve, convaincu qu'il ne trouverait pas en France un coin où ne pût l'atteindre Philippe, Robert d'Artois, à qui toutes ces persécutions n'avaient fait que souder plus fortement au cœur un désir de vengeance, se déguisa en marchand, passa en Angleterre, et s'en vint demander à

Edouard III une protection, que non-seulement il était bien sûr que ce roi ne lui refuserait pas, mais qu'il lui accorderait de grand cœur.

Nous avons vu que Robert ne s'était pas trompé et qu'en échange de l'hospitalité qu'il en avait reçu, il avait fait faire au roi d'Angleterre ce terrible vœu du héron, qui devait le venger d'abord et faire à la France une de ces blessures qui mettent des siècles à se cicatriser.

Maintenant que nous avons donné, un peu trop développée peut-être, la cause première de cette longue guerre, voyons en quel état était la France pour la supporter, et s'il n'eût pas été politique à Philippe VI de faire une injustice pour son beau-frère.

VI

Le roi Edouard III avait donc renouvelé ses prétentions à la couronne de France, et nous retrouvons dans les chroniques de Saint-Denis la lettre qu'il écrivit à Philippe VI et qui ne sera pas sans intérêt pour le lecteur. La voici :

« De par Edouard, roi de France et d'Angleterre, seigneur d'Irlande.

« Sire Philippe de Valois par longtemps vous avons poursuivi par des messagers, et en plusieurs autres manières, afin que vous nous fissiez raison et que vous nous rendissiez notre droit héritage du royaume de France, lequel vous avez de longtemps occupé à force. Et parce que nous voyons bien que c'est à grand tort et que vous entendez persévérer, sans nous faire raison de notre droiturière demande, nous sommes entrés en la terre de Flandre, comme souverain seigneur d'icelle terre, et vous signifions que pris avons l'aide de Notre Seigneur Jésus-Christ. »

Édouard finissait par défier Philippe à un combat singulier.

Voici ce que Philippe répondit, réponse pleine de noblesse et de dignité, mais dans laquelle malheureusement le roi de France prouvait qu'il se trompait sur le compte de ses alliés.

« Philippe, par la grâce de Dieu, à Édouard, roi d'Angleterre.

« Nous avons vu une lettre envoyée à Philippe de Valois, apportée à notre Cour, à laquelle lettre étaient quelques requêtes; mais comme ladite lettre ne venait pas à nous, et comme les requêtes n'étaient pas non plus faites à nous, comme il appert par la teneur de ladite lettre, nous ne vous en faisons nulle réponse.

« Toutefois, par ce que nous avons entendu par ladite lettre que vous étiez venu combattre dans notre royaume, au grand dommage de notre peuple et de nous, sans raison et sans regarder que vous êtes notre homme lige, comme l'annoncent vos lettres-patentes signées de votre grand scel que nous avons par devers nous, notre entente est telle que quand bon nous semblera, de vous chasser de notre royaume, au profit de notre peuple, à l'honneur de nous et de notre majesté royale; et de ce faire avons ferme espérance en Jésus-Christ dont tous biens nous viennent; car par votre emprise qui est de volonté non raisonnable, a été empêché le saint voyage d'outre-mer, et grande quantité de chrétiens mis à mort, le service de Dieu apetissé et sainte église ornée de moins de révérence. Et de ce que vous pensez avoir les Flamands en votre aide, nous pensons être certains que les bonnes villes et les communes reporteront en telle manière par devers et envers notre cousin le comte de Flandres, qu'elles garderont leur honneur et leur loyauté. Ce que les Flamands ont fait jusqu'ici a été conseillé par des gens qui ne regardaient pas au profit du commun peuple, mais au profit d'eux seulement.

« Donné sur les champs au prieuré de Saint-Andry, emprès aire, sous le scel de notre secret, en l'absence de notre grand scel, le trentième jour de juillet, l'an 1340. »

Nous n'avons transcrit cette lettre que parce qu'il y avait dedans trois choses que nous avions remarquées et sur lesquelles nous voulions revenir, qui sont la confiance que Philippe avait dans sa chevalerie, le regret qu'il avait de n'avoir pas fait sa croisade et sa foi dans l'alliance flamande.

Pour ce qui était de sa chevalerie Philippe avait raison d'avoir confiance en elle, car c'était une des meilleures du monde et le désastre de Crécy devait en donner la preuve.

Quant à la croisade qu'il regrettait tant de ne pouvoir accomplir, c'était moins un acte de chrétien qu'un marché de commerçant qu'il avait voulu faire. En effet, il avait imposé à son départ pour la Terre-Sainte vingt-sept conditions; il voulait le royaume d'Arles pour son fils, la couronne d'Italie pour son frère, la libre disposition du trésor de Jean XXII qu'il avait menacé de faire poursuivre comme hérétique par l'Université de Paris. Il voulait, en outre que le pape lui donnât pour trois ans la disposition de tous les bénéfices de France et pour dix le droit de lever les décimes de la croisade par toute la chrétienté.

Comme on le voit, si cette croisade devait être agréable à Dieu, elle n'était pas inutile au roi.

Le pape Benoît XII était un de ceux que persécutait le plus Philippe. Il avouait en pleurant que le roi de France l'avait menacé de le traiter plus mal encore que n'avait été traité Boniface VIII s'il absolvait l'Empereur. Lui-même voulait arriver à l'empire, car tout en traitant avec l'empereur il contraignait le pape à lancer des bulles contre lui.

Voilà donc tous les avantages que faisait perdre à Philippe le défi d'Édouard. Il est vrai que Philippe s'était réservé trois ans avant son départ pour la croisade, et que le cas échéant où dans cette intervalle surviendrait quelque obstacle qui le forçât à renoncer à son expédition, le droit d'en juger la validité serait remis à deux prélats de son royaume.

Or le cas présent était plein de validité.

Restait la confiance de Philippe dans la fidélité des Flamands.

Nous avons vu de quelle façon Édouard avait miné les bases de cette fidélité dans son entrevue avec d'Artevelle, et comment il avait appelé à lui le commerce que repoussait la France, comme un des moyens les plus sûrs de tuer les pays qu'il attaquerait.

A la fin du XIII⁰ siècle, la croisade commerciale avait succédé à la croisade chrétienne, les caravanes aux pèlerinages. Un livre paraît, écrit par le Vénitien Sanuto, dans lequel il recommande aux bons chrétiens la conquête de Jérusalem et aux commerçants les épices de la Terre Sainte.

Gênes et Venise sont les courtières de ces nouvelles croisades; on retourne l'autel et l'on en fait un comptoir.

Le commerce n'est pas autre chose que deux grandes routes : par l'une le Nord envoie au Midi ce qu'il produit, par l'autre le Midi envoie ses productions au Nord, mais ce qu'il faut avant tout c'est que les routes soient sûres, et à cette époque elles ne l'étaient pas toujours. D'Alexandrie à Venise le marchand n'avait à craindre que l'inconstance des éléments ; mais de Venise au Nord il avait à redouter le pillage des hommes. Alors il s'enfonçait dans le Tyrol, suivait le Danube, traversait les forêts et les châteaux du Rhin et ne s'arrêtait qu'à Cologne. Il pouvait encore pénétrer en France par la Champagne et exposer ses marchandises aux foires de Troyes, de Bar-sur-Aube, de Lagny et de Provins, lesquelles étaient plus anciennes que le Comté même.

Il en avait été ainsi du reste jusqu'à ce que Philippe-le-Bel, maître de la Champagne par sa femme, portât ses ordonnances contre les Lombards, brouillât les monnaies et voulût régler l'intérêt qu'on payait aux foires.

Sous Louis Hutin ce fut pis encore. Il mit des droits sur tout ce qui pouvait s'acheter ou se vendre, et défendit tout commerce avec les Flamands, les Génois, les Italiens et les Provençaux, c'est-à-dire avec le monde entier dont ces quatre peuples étaient les commissionnaires.

Voilà donc la France qui se ferme au commerce, et qui va par conséquent s'appauvrir de plus en plus. Les seigneurs ne pillent plus, il est vrai, mais ils sont remplacés par les agents du roi plus cupide à lui tout seul que tous les seigneurs réunis.

L'Angleterre qui semble avoir compris la faute de sa rivale, non seulement l'évite, mais attire à elle ce que nos rois repoussent. En France les monnaies varient selon la cupidité du roi, là-bas elles sont invariables. Ici l'on pille les marchands qui, dès-lors nous désertent, làbas les ports leur sont ouverts et des lois sont faites en leur faveur.

Édouard publie une charte dans laquelle, au lieu d'interdire tout commerce, comme Louis Hutin avec les quatre grands peuples que nous avons nommés tout-à-l'heure, il déclare qu'il porte le plus grand intérêt à tous les peuples commerçants, Allemands, Français, Espagnols, Portugais, Lombards, Toscans, Provençaux, Flamands et autres. La protection, la justice, bon poids et bonne mesure, ces quatre sentinelles du commerce sont posées aux portes de l'Angleterre avec une sévère consigne. Les étrangers ont pour les juger, dans le cas où ils sont forcés d'en référer à la justice, moitié de juges anglais, moitié de juges de leur nation.

Le commerce prend donc en Angleterre une telle proportion que d'Artevelle devient l'ami et le compère du roi Édouard III, et que, comme nous l'avons vu, ils traitent de puissance à puissance.

Et cependant nous voyons Édouard III commencer son règne par une soumission à Philippe, il est vrai qu'il ne tardera pas à prendre sa revanche, et que les premières dents qui vont pousser au jeune léopard, vont faire de terribles morsures.

Dans le commencement de son règne, Philippe est un grand roi, et l'on croirait volontiers que *le roi trouvé* est un bonheur pour la France. Il bat les Flamands à Cassel, et remet le comte de Flandre en possession de ses États, et les États sous sa dépendance. Il a reçu l'hommage d'Édouard. Ses cousins ont, l'un la couronne de Naples, l'autre le trône de Hongrie. Il protége le roi d'Écosse. Jean de Bohême, que nous allons retrouver à Crécy, dit que Paris est le séjour le plus chevaleresque du monde.

Mais toutes ces espérances ne furent qu'un rêve. En 1336, Philippe avait trouvé moyen de se brouiller avec tout le monde : avec les seigneurs, par le bannissement de Robert d'Artois ; avec les marchands, par ses impôts ; avec l'empereur, par la guerre de Bulles qu'il lui faisait faire par le pape ; avec le pape, par la servitude à laquelle il l'avait réduit; avec la chrétienté, enfin, par cette condition que nous avons dite de lever sur elle les décimes de la croisade.

Nous avons vu dans les premiers volumes de ce livre ce qui résulta de la mauvaise position qu'avait prise Philippe. Un danger plus grand se préparait encore contre lui, puisque, si on se le rappelle, en échange de leur liberté, Olivier de Clisson et Godefroy de Harcourt avaient promis par écrit, et scellé de leurs sceaux, leur assistance au roi d'Angleterre, dans son expédition contre la France ; car, on s'en souvient aussi, Édouard III n'avait pas encore vu les clochers de Saint-Denis et, par conséquent, n'avait pas encore accompli son vœu.

Il avait donc confié les sceaux des deux prisonniers français à Salisbury, qui, en attendant les ordres de son roi, s'était retiré au château de Wark.

Nous savons dans quel deuil il y avait trouvé la comtesse.

V

Le comte eut une longue entrevue avec sa femme. Ce qui se passa pendant cette entrevue, nul ne le sait. Tout ce que nous pouvons dire, c'est que lorsque Salisbury quitta la chambre d'Alix, on eût dit un spectre et non un homme, tant il était pâle.

Il redescendit dans la cour du château, ordonna qu'on ressellât son cheval, et sans ajouter une parole, sans prendre de repos ni de nourriture, il se remit en selle et sortit du château.

Le coup qui venait de frapper le comte était rude.

Après tant de loyaux services rendus à son roi, cette trahison était une infâme lâcheté, après l'amour qu'il avait eu pour Alix, cette révélation était un horrible malheur. Croire que sa femme fût complice du roi était chose impossible pour le comte, car, au lieu de prendre le deuil de son honneur, elle eût caché sa honte sous le sourire et les fleurs. Alix n'avait donc succombé, comme la Lucrèce antique, qu'à la ruse et à la force, et elle revenait à son mari vierge de cœur et de pensée. Mais Salisbury, l'homme loyal, le chevalier ardent, n'était pas de ceux qui accordent ces sursis à leur honneur. Le roi l'avait trompé dans ce qu'il aimait le plus; il fallait qu'il le punît dans ce qu'il avait de plus cher, et la vengeance grondait au cœur du comte d'autant plus terrible qu'elle ne pouvait s'accomplir aussitôt.

Qui eût vu Salisbury en ce moment ne l'eût pas reconnu. Il descendait lentement la colline, le cœur plein de la réalisation des inquiétudes qu'il avait en la montant, et, comme Loth fuyant devant le feu de Sodôme, il n'osait regarder en arrière. Le soleil se couchait derrière l'horizon, la nuit venait, et le chevalier, pâle, dont le visage s'éclairait de temps en temps d'un des derniers rayons du crépuscule, semblait un chevalier fantastique des ballades allemandes, quelque Wilhem à la recherche de sa Lénor.

De temps à autre un paysan passait, qui s'arrêtait inquiet devant ce voyageur sombre, qui le saluait tant qu'il l'avait en face de lui, qui se signait quand il était passé.

— C'est que les douleurs, comme celle qu'éprouvait Salisbury, marquent au front celui qui les souffre et en font pour la foule un sujet d'admiration quand il est résigné, et d'épouvante quand il ne l'est pas.

Or, le comte était loin d'être résigné à ce qui lui arrivait. Nous avons vu quel amour il avait pour la belle Alix, et comment il s'était hâté d'accomplir le vœu qu'il avait fait pour elle. Alix était l'unique repos de ses batailles, l'unique espérance de ses retours. Pendant sa captivité en France, il avait eu foi dans sa délivrance, parce qu'il savait que du fond de son château, en Angleterre, Alix prierait Dieu pour lui, et que Dieu devait l'exaucer comme un ange. Et voilà que ce court passé de bonheur, qui n'était que la source d'un avenir heureux, s'envolait au souffle d'un roi débauché; voilà que, pendant qu'il combattait pour lui, Édouard lui volait lâchement l'honneur de son nom et le repos de sa vie; quand toutes ces pensées revenaient à l'esprit du comte, il pâlissait encore de honte et de colère, et portait avidement la main à son épée ; puis, l'air du soir lui fouettait le visage, il jetait ses regards autour de lui, retrouvant dans la nature la nuit et la solitude de son cœur, et il se disait : Plus tard.

Il arriva ainsi à une espèce de chaumière isolée, et comme il n'était pas sûr d'en rencontrer une pareille de toute la nuit, il résolut de s'y arrêter pour faire reposer son cheval, car lui sentait bien qu'il ne prendrait ni repos ni sommeil avant la fin de son voyage et l'accomplissement du second vœu qu'il venait de faire, et que, dans la crainte d'être trahi encore, il avait renfermé dans le fond de son cœur et n'avait même pas confié à la brise du soir.

Salisbury descendit de cheval et frappa

à la porte mal jointe de la maisonnette devant laquelle il s'était arrêté.

Une vieille femme, étonnée qu'on frappât chez elle à cette heure, vint ouvrir et recula devant l'apparition de cet homme pâle et vêtu de noir.

Le comte lui demanda l'hospitalité pour lui jusqu'au matin et de la paille pour son cheval.

La vieille revint de ses terreurs et laissa entrer le visiteur inattendu. Le comte, pendant que l'hôtesse mena son cheval à l'écurie, s'approcha d'une lampe fumeuse qui éclairait à peine la salle, et qui laissait plutôt faire cette besogne au feu qui brûlait dans l'âtre et, tirant de son sein des parchemins revêtus de sceaux, il les examina attentivement :

— Ménélas! Ménélas! murmura-t-il, dix ans Troie s'est vue assiégée parce qu'un berger t'avait volé ta femme; un roi m'a pris mon Hélène et, Dieu aidant, il y aura une seconde guerre de Troie.

En ce moment, la vieille femme rentrait et Salisbury, tout rêveur, se rasseyait auprès du feu.

C'est ainsi qu'il passa la première nuit après son départ du château de Wark.

Le lendemain, dès le point du jour, il se remit en route sans avoir dit d'autres paroles à celle qui l'avait reçu, que des paroles de remercîment quand il était entré, et de reconnaissance quand il était parti, laissant sur la table de quoi payer pendant un an une hospitalité comme celle qu'il avait reçue pendant douze heures.

Les horizons s'effacèrent derrière lui les uns après les autres sans que le souvenir s'effaçât de son esprit.

Deux ou trois fois, pendant la chaleur du jour, il s'arrêta, descendit de cheval et, laissant sa monture brouter l'herbe environnante, il s'asseyait au pied d'un arbre et contemplait d'un œil triste la vie heureuse des autres au milieu desquels il passait, sans leur donner de sa tristesse et sans pouvoir prendre de leur joie. Deux ou trois fois aussi, au souvenir des jours heureux qu'il avait vécu et des jours désolés qu'il allait vivre, des larmes silencieuses tombèrent des yeux de cet homme, qui avait vu au milieu des batailles la mort ravager autour de lui, sans plus s'en émouvoir que le rocher qui voit la mer en furie battre ses flancs impassibles, tant il est vrai que si fort que soit un homme, il garde dans un des plis de son cœur une jeunesse craintive dont la femme seule a le secret, et qu'elle emplit à son gré d'espérance, de joie ou de terreurs, qui le font plus facile à conduire et à épouvanter que l'enfant qui appelle en vain sa mère.

Il arriva ainsi jusque sur la côte, et il reconnut l'endroit où il avait débarqué, lorsque Édouard avait obtenu du roi de France sa liberté contre celle du prisonnier écossais. Que de choses s'étaient passées depuis cette époque, qui semblaient ne devoir jamais arriver, et quelle étrange ironie cachait cette amitié royale.

—Oh! mer! dit le comte en plongeant ses regards sur l'Océan qui, calme à cette heure, venait jouer jusqu'à ses pieds et reflétait dans ses flots les nuages sans tempêtes dont le vent du sud voilait de temps en temps l'azur du ciel, oh! mer! combien sont préférables tes orages immenses qui font monter tes vagues jusqu'au ciel, comme une armée de Titans, aux passions mystérieuses des hommes qui les abaissent au-dessous des animaux les plus vils et qui tuent plus souvent que tes vagues.

Salisbury resta ainsi quelques instants plongé dans sa rêverie, puis il passa la main sur son front, et ayant rencontré un paysan, il lui demanda de lui indiquer où il trouverait le patron d'un bateau qui pût le mener sur les côtes de France.

Le paysan lui montra du doigt une maison et continua son chemin.

Le lendemain au soir, le comte disait

adieu aux rives d'Angleterre qu'il croyait quitter pour jamais, et le matin il arrivait à Boulogne.

Là, il reprit son voyage à cheval, toujours seul et toujours sombre, s'arrêtant le soir dans quelque auberge, et recommençant sa route avec l'aube.

Quand il arriva à Paris, Paris était en fête comme cela lui arrivait souvent, surtout depuis que la trêve avait été signée. Salisbury traversa cette foule de bourgeois, de baladins et de chevaliers, et, le soir, lorsque le bruit de la ville eût cessé, il se rendit au Louvre.

Le Louvre était loin d'avoir à cette époque l'aspect qu'il a maintenant. A la grosse tour et à son enceinte construites en 1204 par Philippe Auguste, rien n'avait été encore ajouté, ou peu de chose du moins. La résidence royale était si simple qu'on eût dit quatre pans de murailles percés à l'aventure de petites croisées les unes sur les autres.

Salisbury traversa la grande cour qui était au centre de ce carré, et se dirigea vers la grosse tour qui en formait le milieu. Il passa le pont de pierre jeté sur le large fossé qui baignait la tour, et arriva à la porte de fer qui fermait l'escalier à vis par lequel on montait dans les appartements.

Arrivé là, un capitaine se présenta qui lui demanda où il allait.

— Je veux parler au roi Philippe, répondit le comte.

— Au nom de qui, demanda le capitaine.

— Dites à monseigneur le Roi que le comte de Salisbury, sujet et envoyé du roi Edouard III, demande à être admis en sa présence.

Le capitaine ouvrit la porte de fer, fit monter le comte et le laissa attendre quelques instants, puis il reparut et fit signe à Salisbury en s'inclinant que le Roi l'attendait.

Il passa donc devant lui et soulevant

une tapisserie le fit entrer dans la chambre où se trouvait Philippe.

Le Roi était seul, assis devant une grande table et paraissait rêver. La chambre n'était que faiblement éclairée.

— C'est vous, comte, fit le Roi en fixant des yeux étonnés sur celui qui venait de paraître.

— Oui, Monseigneur, moi-même; le comte de Salisbury, qui se souviendra toujours qu'étant prisonnier du roi de France, il a été traité par lui comme un hôte royal, à ce point qu'aujourd'hui il regrette sa captivité.

Et le comte passa sa main sur son

front comme pour en chasser les douloureuses images qui l'assiégeaient.

— Séyez-vous donc près de moi, comte, et me veuillez dire à quoi je dois votre gracieuse présence ici.

— Monseigneur, je vous disais à l'instant que j'avais gardé le souvenir de vos bontés pour moi, j'aurais dû ajouter que je venais pour vous en prouver ma reconnaissance de façon à vous faire voir que je disais vrai.

— Vous venez envoyé par le roi d'Angleterre.

— Non, Monseigneur. Nul ne sait que je suis en France, fit le comte d'une voix sombre et j'espère que nul ne saura jamais que j'y suis venu. Permettez-moi, monseigneur, de vous faire quelques questions.

— Faites.

— Vous avez signé une trêve avec le roi Edouard?

— Oui.

— Et sur la foi de cette trêve vous êtes tranquille?

— Vous le voyez. Non-seulement nous sommes tranquilles, mais encore le plus souvent nous sommes en fêtes. Notre bon peuple Français est un grand enfant qu'il faut amuser jusqu'à ce qu'il se batte.

— Mais, Monseigneur, vous avez là-bas des prisonniers comme le roi Edouard en avait ici.

— Je me le rappelle, Messire : ce sont le sire de Clisson, le sire Godefroy de Harcourt et le sire Hervé de Léon, trois braves capitaines dont l'un m'est déjà rendu puisque je l'ai échangé contre le duc de Stanfort.

— Et celui-là est messire Olivier de Clisson.

— Oh ! Monseigneur, la France est malheureuse depuis quelques temps, car ceux-là même qui devraient la défendre l'abandonnent.

— Je ne comprends pas, fit le Roi en se levant.

— Je disais, Monseigneur, que le roi Edouard a rendu la liberté à Olivier de

Clisson en échange du duc de Stanfort, et qu'il l'a refusée à Hervé de Léon.

— C'est vrai.

— Savez-vous, Monseigneur, d'où vient cette préférence du roi d'Angleterre pour l'un de vos sujets.

— Je l'ignore.

— C'est qu'il y a eu à cet échange une condition que vous ne connaissez pas, Monseigneur, que messire Olivier de Clisson a acceptée, et qui met à cette heure le royaume de France en un des plus grands périls qu'il ait jamais courus,

Philippe VI pâlit.

— Et c'est vous, comte, dit-il, vous un

des fidèles sujets du roi Édouard qui venez m'avertir du danger. Vous qui avez quitté l'Angleterre pour venir m'annoncer cette nouvelle en échange, dites-vous, de la douce captivité que je vous ai faite. Depuis quand les sujets loyaux d'un roi viennent-ils si gracieusement prévenir les rois ennemis des dangers qu'ils courent.

— Depuis, reprit le comte d'une voix grave, depuis que pendant leur absence les rois déshonorent les sujets loyaux qui combattaient pour eux.

Philippe fixa ses regards sur le comte, car malgré l'accent de la voix de Salisbury, il craignait une trahison.

— Vous dites donc, reprit le roi, qu'il y avait à la délivrance d'Olivier de Clisson une condition secrète.

— Connue d'Olivier seul et du roi d'Angleterre.

— Et cette condition?

— Est tout simplement une trahison, Monseigneur.

— Une trahison !

— Oui.

— C'est impossible. Olivier de Clisson est un brave capitaine.

— Je le sais, Monseigneur, puisque je l'ai eu à combattre devant Rennes, mais Olivier de Clisson est un traître, puisque j'en ai les preuves, et ces preuves, les voici.

Et en disant cela, Salisbury montrait au roi Philippe les sceaux d'Olivier de Clisson et de Godefroy de Harcourt.

Philippe lut les engagements des deux prisonniers et regardant Salisbury, il lui dit d'une voix tremblante :

— Ainsi, à la fin de la trêve la France était ouverte à votre roi par ces traités.

— Oui, Monseigneur.

— Ah ! Edouard III est un homme habile. Ainsi, continua Philippe, mes meilleurs chevaliers m'abandonnent et me trahissent, Olivier de Clisson, Godefroy de Harcourt, Laval, Jean de Montauban,

Alain de Quedillac, Guillaume, Jean et Olivier des Briéux, Denis du Plessis, Jean Mallart, Jean de Senidavi, Denis de Callac. Henry de Malestroit. Ah! je me vengerai cruellement. Savez-vous bien ce que vous avez fait là, comte.

— Oui, Monseigneur.

— Vous avez détruit ma confiance la plus chère.

—Edouard a brisé mes espérances les plus saintes.

— Vous ferez couler le plus noble sang de France.

— Que m'importe! monseigneur, pourvu que je sois vengé.

—Et d'où vient qu'à votre tour vous abandonnez votre roi.

—Je vous l'ai déjà dit, monseigneur, cela vient de ce que mon roi m'a lâchement volé mon bien le plus cher, l'honneur de mon nom, le sang de mon cœur, l'espoir unique de ma vie. Oh! Monseigneur, punissez et répandez le sang, faites dresser les échafauds, inventez des tortures, mais si haut que monte votre vengeance, elle ne sera jamais au niveau de ma douleur et de ma haine.

— Et qu'allez-vous faire?

—Le sais-je, Monseigneur, que voulez-vous que fasse un homme dont le cœur est brisé ?

— Restez quelque temps en France, comte, et vous verrez comment le roi punit la trahison.

— Maintenant, Monseigneur, dit Salisbury, il ne me reste plus qu'à vous demander la permission de me retirer, en vous priant de me rendre ces parchemins.

— Vous les rendre, et pourquoi?

— Parce que, Monseigneur, cette dénonciation excusable aujourd'hui en raison de ce que j'ai souffert, ne le serait peut-être pas pour l'avenir.

— Je vous jure, comte, dit le roi, que

nul ne saura que j'ai ces papiers, que nul ne saura que vous me les avez remis, et que je frapperai en prenant sur moi seul la responsabilité de la punition. Mais laissez-moi ces preuves, car vous parti, le crime de ces hommes est si affreux que j'en douterais et que je n'oserais peut-être plus punir, si je ne l'avais toujours devant les yeux.

— C'est bien, Monseigneur, fit le comte, je garde votre parole.

— Adieu, messire, et n'oubliez jamais l'hospitalité de la maison de France.

Salisbury se retira.

La nuit était noire. Il quitta le Louvre qui découpait sur le ciel la silhouette sombre de sa tour où veillaient çà et là quelques lumières.

— Maintenant, dit-il, en franchissant l'enceinte du palais, je suis sûr, roi Edouard d'Angleterre, que tu n'accompliras pas ton vœu.

Et il disparut dans les ombres de la nuit.

VI

Le lendemain même le roi fit publier que des fêtes auraient lieu dans le commencement du mois de janvier 1545.

En effet, pour le quinzième jour de ce mois un tournoi fut annoncé dans lequel devaient joûter tous les nobles chevaliers du royaume et auquel le roi Philippe VI, lui-même, devait prendre part.

En conséquence, des héraults furent envoyés dans les provinces voisines, lesquels étaient chargés de requérir les combattants.

De grands préparatifs se firent sans que nul pût deviner quel sanglant dénouement ils devaient avoir.

Deux ou trois jours avant le tournoi, le roi fit appeler le prévôt de Paris.

— Tous ceux dont je vous ai remis la liste sont-ils à Paris, demanda-t-il.

— Oui, Monseigneur.

— Messire Olivier de Clisson.

— Est arrivé ce matin.

— Et messire Godefroy de Harcourt?

— Est le seul qui ne soit pas venu à Paris.

— Se douterait-il de quelque chose, murmura le roi en se promenant à grands pas dans la chambre. Mais en tous cas sa femme est ici.

— Oui, Monseigneur.

— Oh! mon frère d'Artois, il paraît que vous n'êtes pas le seul traître de notre royaume et voilà que vos alliés se montrent. Mais! Dieu aidant, je vous anéantirai tous, dussé-je pour cela raser vos châteaux jusqu'au sol, et faire pendre jusqu'à vos derniers rejetons.

— Monseigneur n'a pas d'autres ordres à me donner, demanda le prévôt.

— Non, allez.

Trois jours après Paris était en rumeur.

Le soleil s'était levé plus radieux qu'on n'eût osé d'espérer, comme si le ciel eût voulu protéger la fête qui devait avoir lieu.

Dès le matin, comme à la fête que le roi Philippe-le-Bel avait donnée à Édouard II et à Isabeau, lors de leur voyage en France, les rues de Paris furent encourtinées, c'est-à-dire que les maisons étaient tendues de rideaux. Des processions eurent lieu, qui se composaient des bourgeois et de tout les corps de métiers, les uns à pied, les autres à cheval, accompagnés d'instruments qui faisaient grand tapage.

Puis venaient des ménestrels et des baladins de toutes sortes, vêtus de costumes bariolés, et s'accompagnant d'une musique de trompes et de tambourins.

Le roi et sa suite regardaient toute cette chevauchée se dirigeant à grands cris vers l'île de Notre-Dame.

Puis venaient encore les chevaliers du tournoi, tous montés sur des chevaux magnifiquement caparaçonnés, et vêtus de leurs plus riches armures, chacun accompagné de son écuyer qui déployait au vent la bannière de son maître sur laquelle se lisait quelque noble légende.

Puis enfin, le peuple avec les mêmes cris qu'il retrouve toujours chaque fois qu'on lui donne une fête nouvelle.

Le soir il y eut festins et spectacles, et le lendemain à midi devait commencer, à l'abbaye Saint-Germain-des-Prés, le tournoi pour lequel tant de chevaliers s'étaient inscrits.

Ce tournoi avait été retardé d'un jour par ordre du roi, qui voulait sans doute attendre vingt-quatre heures de plus dans l'espérance que Godefroy de Harcourt arriverait, mais malgré ce sursis, Godefroy n'arriva pas.

A midi donc on entrait en lice.

Nous retrouvons à ce tournoi Eustache de Ribeaumont, avec qui nous avons déjà fait connaissance et que nous reverrons encore reparaître dans le courant de cette histoire.

Ce jour là il fit merveille, et après plusieurs passes qui lui firent grand honneur, le roi l'appela et le fit asseoir à côté du vieux roi de Bohême, Jean de Luxembourg, qui, quoiqu'aveugle, avait voulu assister à cette scène et dont le cœur tressaillait de joie chaque fois qu'un beau coup était donné et qu'au milieu des applaudissements on lui en faisait le récit.

Quant à Philippe, il était pâle. Une

grande inquiétude l'agitait et il paraissait attendre impatiemment une chose qui n'arrivait pas assez vite.

Enfin, un chevalier armé de toutes pièces parut dans la lice et le roi le reconnut sans doute, car sa figure s'illumina à la fois d'un rayon de haine et de joie.

Ce chevalier, qui n'était autre qu'Olivier de Clisson, alla frapper de sa lance l'écu d'un autre chevalier et revint prendre sa position à l'autre bout du camp, mais au moment où il allait mettre sa lance en arrêt, quatre hommes s'avancèrent accompagnés du prévôt de Paris, qui lui dit :

— Messire Olivier de Clisson, au nom du Roi je vous arrête comme traître et allié du roi d'Angleterre, et nous déclarons pareillement traîtres le sire de Laval, Jean de Montauban, Alain de Quedillac, Guillaume de Brieux, Jean et Olivier ses frères, Denis du Plessis, Jean Malart, Jean de Sennedavi, Denis de Callac ici présents, et Godefroy de Harcourt, qui n'est pas en notre royaume, les sommant de nous remettre leurs épées.

Tous les yeux se fixèrent sur la loge du roi, mais Philippe était déjà parti.

Une grande consternation se répandit dans toute cette foule. Les chevaliers que nous venons de nommer remirent leurs épées, et une compagnie de la prévôté les conduisit au Châtelet qui se referma sur eux.

Le peuple se retira en silence, tout étourdi encore de la scène qui venait de se passer sous ses yeux.

Pendant ce temps, Henri de Malestroit, ancien maître-des-requêtes de l'hôtel de Philippe de Valois, accusé de trahison, avait été arrêté et emprisonné comme les autres.

A compter de ce jour, Philippe parut plus tranquille et plus joyeux.

Il n'y eut ni procès, ni jugement, ni preuves. Ces accusés furent condamnés à mort. Ils savaient qu'ils le méritaient, c'était tout ce qu'il fallait.

Quant au peuple, on n'avait pas de raisons à lui donner. Il était libre d'assister à l'exécution dont on lui donnait le spectacle en échange de la fête du tournoi qu'il n'avait pas vue.

A la nouvelle de cette arrestation, l'évêque de Paris réclama Henry de Malestroit, comme clerc et comme relevant uniquement de la justice papale. Henry de Malestroit fut donc élargi, mais sa punition, pour être plus lente, ne devait pas être moins terrible.

Les exécutions furent fixées au 29 novembre 1345.

Jusques-là on n'avait pu obtenir aucun aveu de la part de ceux qui avaient été arrêtés.

Le 28 au soir, Philippe VI lui-même descendit dans le cachot d'Olivier de Clisson qui crut presque à une grâce en voyant le roi le visiter.

Olivier voulut nier d'abord, mais Philippe lui montra la lettre revêtue de son sceau, par laquelle il s'engageait au roi d'Angleterre lui et ses compagnons.

Olivier baissa la tête et ne répondit rien. Le roi retourna au Louvre, et le lendemain, à onze heures du matin, les prisonniers furent transférés du Châtelet aux Halles, au milieu d'une populace immense, accourue sur leurs pas.

L'échafaud était dressé aux Halles de Paris.

Le roi avait voulu assister à ce spectacle, et derrière une fenêtre, la seule qui fût fermée sur toute la place, se tenait l'ombre royale, qui gardait les yeux ardemment fixés sur l'échafaud.

Au moment de mourir, Olivier de Clisson avoua publiquement son crime, disant qu'avant de paraître devant Dieu il voulait gagner sa clémence par cet aveu.

Quatorze têtes tombèrent encore ce jour-là, comme si Philippe eût voulu entourer le trône d'un fossé de sang pour le rendre inattaquable.

Quand la justice du roi fut accomplie, chacun épouvanté de la scène dont il venait d'être témoin, regagna lentement sa demeure. Un homme était mêlé à ceux qu'avait attirés ce spectacle, et lorsqu'il fut fini, il s'éloigna comme tout le monde. Seulement, au lieu de rentrer dans le sein de la ville, il franchit l'enceinte de Paris, et à une centaine de pas des murs, il trouva un écuyer qui l'attendait avec deux chevaux. Il en prit un, l'écuyer prit l'autre, et tous deux s'éloignèrent rapidement.

Cet homme était le comte de Salisbury qui n'avait plus rien à voir à Paris.

Cependant cette première exécution n'avait pas encore assouvi Philippe, à qui, on se le rappelle, l'évêque avait arraché une victime.

Dès qu'il avait été forcé de rendre Henry de Malestroit, le roi avait écrit au pape, lui racontant le crime dont le clerc s'était rendu coupable, et lui demandant la permission, sinon de le punir par la peine de mort, du moins de le flétrir par un châtiment quelconque.

Nous avons vu que le pape était un des sujets les plus soumis du roi de France, il envoya donc à Philippe l'autorisation que celui-ci lui demandait, et le roi s'empressa de faire arrêter Henry de Malestroit.

Il tint sa parole et ne le condamna pas à mort.

Il fut seulement dégradé, et comme cette punition ne paraissait pas suffisante, Philippe le fit élever sur une échelle, où il fut lapidé par la populace.

— *Vox populi, vox Dei,* dit le soir Philippe VI quand on vint lui annoncer la mort de Henry de Malestroit.

La nouvelle de la mort de Clisson et des autres chevaliers ne tarda pas à arriver en Angleterre, et le roi Edouard en fut si courroucé, qu'il s'écria aussitôt qu'il vengerait cruellement la mort de ceux qui s'étaient alliés à lui, et puisque tel avait été le bon plaisir du roi de France, son bon plaisir, à lui, était de rompre la trève signée.

Puis il fit appeler le comte Derby, auquel il fit part de ce qui venait d'arriver et de la résolution qu'il venait de prendre de faire subir à Hervey de Léon le sort que Philippe avait fait subir aux chevaliers bretons et normands.

— Sire, lui dit le comte, vous allez à jamais ternir votre gloire par cette mort. Laissez votre voisin de France être déloyal, mais ne le soyez pas, et au lieu de mettre à mort Hervey de Léon, parce qu'il est resté fidèle à son roi, rendez-lui au contraire la liberté, moyennant une faible rançon, afin qu'il puisse proclamer partout la justice et la générosité du roi d'Angleterre.

— Vous avez raison, mon cousin, dit le roi en tendant sa main au comte, et il faudrait toujours que les rois, dans leurs moments de colère, eussent un homme comme vous auprès d'eux.

— Rompre la trêve, c'est justice, répondit Derby en s'inclinant; faites la guerre, c'est votre droit, et s'il vous faut de braves et loyaux chevaliers, Sire, vous savez sur qui vous pouvez compter.

— Oui, je sais ce que vous voulez dire, comte. Aussi jetterai-je en France une armée telle que Philippe se repentira éternellement de la mort de ces braves chevaliers, dont Dieu veuille avoir l'âme. Une dernière fois, merci de votre conseil, mon cousin.

Alors le roi ordonna qu'on lui amenât Hervey de Léon, et quand celui-ci fut arrivé, il lui dit :

— Ah! messire Hervey, mon adversaire Philippe de Valois a fait mourir lâchement de braves chevaliers, ce dont la nouvelle m'a causé grand'peine. Aussi voulais-je faire de vous comme il a fait d'eux, car vous êtes un de ceux qui m'ont le plus nui en Bretagne; mais j'aime mieux que mon honneur domine ma colère, et je vous laisserai partir pour rançon légère.

« Remerciez de cette grâce le comte Derby, aux conseils duquel vous la devez.

Les deux chevaliers s'inclinèrent l'un devant l'autre, et messire Hervey reprit :

— Cher Sire, si vous avez quelque chose à me commander, dites-le, et tout ce que je pourrai faire loyalement pour vous, je le ferai.

— Eh bien ! reprit le roi, je sais, Messire, que vous êtes un des plus riches chevaliers de Bretagne, et je pourrais par conséquent vous demander trente ou quarante mille écus que vous me donneriez ; mais, je vous le répète, une rançon légère me suffira, à la condition qu'à votre arrivée en France, vous irez trouver mon adversaire Philippe, et lui direz, de par moi, qu'en faisant mourir tant de braves chevaliers, il a rompu la trève conclue, qu'en conséquence je le défie et lui déclare de nouveau la guerre.

Moyennant ce message accompli, votre rançon, messire, ne sera que de dix mille écus que vous enverrez à Bruges trois mois après que vous aurez repassé la mer.

— Monseigneur, dit alors messire Hervey de Léon pénétré de reconnaissance à cette grâce du roi, je ferai ainsi que vous le désirez, et puisse Dieu vous rendre un jour la courtoisie que vous me faites aujourd'hui.

Hervey de Léon ne demeura pas longtemps après en Angleterre, il arriva promptement à Hennebon où il s'embarqua pour Harfleur. Mais le mauvais temps le prit et il fut si malade qu'il en faillit mourir.

Cependant il arriva à Paris où il put accomplir le message que lui avait confié Édouard III.

VII

Pendant ce temps les hostilités avaient continué en Bretagne. Robert d'Artois, que nous avons laissé à Hennebon avait pris la cité de Rennes d'où s'étaient enfuis Hervey de Léon et Olivier de Clisson et où ils furent pris à un second assaut.

Nous avons vu ce qui était résulté de cette capture, mais les affaires de France n'avaient pas empêché les affaires de la comtesse de Montfort et de Charles de Blois de se continuer.

Édouard III avait donc assiégé la ville de Dynan, pendant que Salisbury retournait au château de Wark et apprenait son déshonneur de la bouche même d'Alix.

Édouard avait vu tout de suite que la ville était prenable, car elle n'était fermée que de palissades.

En conséquence, il fit monter ses archers dans des nacelles et les fit approcher de la ville, à une portée de flèche d'où ils assaillirent ceux qui défendaient les palissades si adroitement qu'à peine s'ils osaient se montrer.

En même temps d'autres nacelles se détachaient de celles des archers. Celles-là portaient des hommes armés de grandes cognées tranchantes et protégées par les flèches des archers qui passaient sur leurs têtes et les couvraient comme un toit de fer ; ils se mirent à entamer ces palissades, et cela si rapidement qu'en un espace très court ils en abattirent un grand pan et entrèrent dans la ville.

« Quiconque voulut y entrer, y entra, dit Froissard, et quand ceux de la ville virent déborder chez eux les Anglais comme une marée de mort, ils s'enfuirent en désordre vers le marché, laissant aux mains des assiégants messire Pierre Portebœuf qui était leur capitaine. »

Cependant cette première victoire devait être suivie d'un échec. Après la prise de Dynant, Édouard satisfait de la capture qu'il y avait faite, car la ville était fort riche, s'en alla sans même y laisser de garnison, et il s'achemina du côté de Rennes, ville devant laquelle il s'établit.

Or, il y avait en mer pendant ce temps-là, entre la Bretagne et l'Angleterre, des vaisseaux que commandait messire Louis d'Espagne, messire Charles Aimant, messire Othon Dorée, vaisseaux chargés de Gênois et d'Espagnols, lesquels causaient de grands dommages aux Anglais chaque fois que ceux-ci venaient chercher des provisions devant Rennes.

Ils profitèrent donc d'un moment où le vaisseau du roi qui était à l'ancre près de Rennes était assez mal gardé pour l'attaquer. Ils tuèrent une grande partie de l'équipage et eussent sans doute tué le reste si ceux qui étaient devant la ville n'étaient venus au secours du vaisseau anglais, ce qui n'empêcha pas messire Louis d'Espagne et ses compagnons d'emmener quatre nefs anglaises chargées de provisions. Pour être sûrs qu'on ne les leur reprendrait pas, ils en détruisirent trois et n'en gardèrent qu'une chargée de leur butin.

Ce fut à partir de ce moment qu'Édouard fit rester une partie de sa flotte au port du Hâvre et l'autre au port de Hennebon.

Cependant le siège se continuait devant Vennes, devant Nantes et devant Rennes sans que l'on entendît parler de Charles de Blois.

C'est alors que le duc de Normandie fit une chevauchée en Bretagne pour le secourir. Il quitta la ville d'Angers avec trente-quatre mille hommes commandés par le sire de Montmorency et le sire de Saint-Venant. Puis venaient le duc de

Normandie, le comte d'Alençon, son oncle, et le comte de Blois, son cousin. Il y avait encore les plus nobles noms de France, le duc de Bourbon, le comte de Ponthieu, le comte de Boulogne, le comté de Vendôme, le comte de Dampmartin, le sire de Craon, le sire de Coucy, le sire de Sully, le sire de Frimes, le sire de Roge et autres barons et chevaliers de Normandie, d'Auvergne, de Berry, d'Anjou, du Maine, du Poitou et de la Saintonge, en si grand nombre qu'on ne les pourrait tous nommer.

Ces nouvelles arrivèrent aux seigneurs anglais qui assiégeaient Nantes. Ils en informèrent aussitôt Edouard, lui faisant demander ce qu'ils devaient faire et s'il fallait qu'ils se retirassent ou qu'ils l'attendissent.

Quand le roi d'Angleterre apprit ce secours qui arrivait à Charles de Blois, il devint tout rêveur, se demandant s'il ne ferait pas mieux de quitter le siège de Vennes et de Rennes et de se porter avec toutes ses forces à celui de Nantes.

Alors il demanda conseil à ses chevaliers et il fut résolu que comme il était assez près de Nantes pour y aller dès que besoin serait, il continuerait à rester devant Vennes. En conséquence ceux qui étaient devant Nantes furent rappelés et reportés sur Vennes.

Le duc de Normandie s'installa donc à Nantes avec toute sa troupe ou du moins avec une partie de sa troupe, car elle était si nombreuse qu'elle n'eût pu tenir tout entière dans la ville.

Pendant que le duc de Normandie était à Nantes, les Anglais en profitèrent pour assiéger Rennes.

Ce fut un des plus beaux assauts qui se soient donnés dans toute cette campagne, car il dura tout un jour, et il y avait à Rennes de bons chevaliers et écuyers de Bretagne, tels que le baron d'Ancenis, le baron du Tout, messire Jean de Malestroit, Yvain Charruel et Bertrand Duguesclin.

Voyant cela, le duc de Normandie partit de Nantes avec toute son armée et s'en vint devant Vennes afin d'y rencontrer plus tôt ses ennemis.

Les Français se logèrent dans la campagne, faisant creuser un fossé autour de leur camp pour protéger les tentes qu'ils avaient établies. Alors commencèrent des escarmouches entre ceux d'Edouard et ceux du duc de Normandie, car les Anglais venaient attaquer les Français, et tourner autour de leur camp comme un essaim d'abeilles autour de la ruche.

Voyant cela, le roi d'Angleterre fit dire à ceux qui tenaient le siège de Rennes, de le venir rejoindre afin qu'il fut plus fort. Il attendait surtout le comte de Salisbury auquel il avait envoyé au château de Wark l'ordre de le venir retrouver.

Les deux armées anglaise et française était forts belles, car deux rois les commandaient. En effet, Philippe lui-même était venu en Bretagne, et voici comment Edouard l'apprit.

Un matin, un héraut envoyé de l'armée française se présenta à la tente du roi.

— Sire, dit-il à Edouard, je viens de la part de mon maître, le roi de France, vous dire qu'il vient d'arriver au camp du duc de Normandie et que lassé de ces hostilités sans fin, il vous défie à un combat singulier, afin que Dieu mette un terme à ces guerres inutiles.

— Répondez à votre maître, dit Edouard, que je lui sais gré de l'honneur qu'il me fait, mais que ce que le chevalier eut accepté, le roi le refuse. Trop de grandes destinées reposent dans mes mains pour que je les abandonne aux chances d'un combat singulier.

Et en disant cela, le roi d'Angleterre remit au héraut une bague d'un grand prix pour qu'il la gardât en souvenir de sa mission.

Les escarmouches continuèrent, mais un peu plus sanglantes qu'auparavant.

Robert d'Artois qui s'était réuni au roi d'Angleterre, n'était pas de ceux qui combattaient le moins. Chaque jour avec quelques autres vaillants chevaliers comme lui, il trouvait moyen de faire quelque belle entreprise qu'il racontait après au Roi, et qui lui valait grande estime de la part d'Edouard.

— Je ne puis rester en repos, disait-il au Roi, quand je vois des gens de cet ingrat pays de France, et mon cœur n'est satisfait que lorsque j'en ai tué quelques-uns.

Mais il arriva qu'un jour Robert d'Artois, qui n'était accompagné que de quelques cavaliers, tomba dans une embuscade et que lui et sa petite troupe, se trouvèrent aussitôt entourés d'ennemis.

Ils se défendirent vaillamment, mais les Français étaient en nombre, le cheval de Robert fut tué, et le comte blessé mortellement. Les Anglais qui voyaient de loin ce qui se passait vinrent à leur secours, mais trop tard, et rapportèrent au camp d'Edouard, Robert vivant encore, mais perdant son sang par trois ou quatre larges blessures, tant à la tête qu'à la poitrine et au bras.

Quand Edouard eut appris cette nouvelle, il se rendit aussitôt auprès du comte, qu'il trouva gisant sur son lit sous sa tente, et qui lui dit en lui tendant la main :

— Noble sire, je vais mourir bientôt, et sans avoir pu accomplir le vœu que j'ai fait de me venger moi-même, mais je remets ma vengeance entre vos mains et vous prie en mourant de ne faire grâce ni merci au roi de France qui m'a si injustement dépouillé.

— Mais peut-être ne mourrez-vous pas de cette fois, fit Édouard, et pourrez-vous accomplir votre vœu.

— Hélas! hélas! fit le comte, Dieu sait que je ne regrette la vie que parce qu'en la quittant j'abandonne le service du gracieux roi qui m'a reçu et protégé, mais je sais que je n'aurai plus longue vie maintenant et que je n'ai autre chose à faire qu'à recommander mon âme à celui qui à son tour va me recevoir en son royaume éternel.

Et le roi Edouard ne pouvait retenir ses larmes et ses plaintes devant la mort de ce vaillant chevalier qu'il aimait fort.

Le comte sentant qu'il s'affaiblissait de plus en plus, prit une dernière fois la main du roi et la portant à ses lèvres il lui dit :

— Sire, souvenez-vous de la promesse que vous avez faite à celui qui va mourir.

— Je jure, fit le roi, de venger par tous les moyens le dommage que le roi

Philippe vous a fait, comte, et votre mort qui me navre à ce point que je donnerais tout ce qu'il pourrait souhaiter à qui vous rendrait la vie, tant je vous ai en estime et amitié.

— Merci, Sire, murmura le comte d'une voix affaiblie, et je mourrai complètement satisfait si mon corps repose en votre pays qui me fut si hospitalier.

— Il sera fait ainsi que vous le voulez.

Le comte, comme s'il n'eût attendu que cette dernière promesse pour mourir, entra en agonie et trépassa peu de temps après.

Edouard renouvela sur le cadavre le serment qu'il avait fait au mourant, et nous verrons plus tard comment il l'accomplit.

Le corps du comte fut transporté à Londres, et fut enterré à Saint-Paul, où le roi lui fit faire des obsèques comme il en eut fait à son fils.

Les deux armées étaient toujours en présence et attendant un moment favorable pour s'attaquer, lorsque l'évêque de Preneste, Pierre-des-Prés, et Etienne Aubert, évêque de Clermont, arrivèrent devant Rennes, envoyés par Clément VI, qui occupait alors le trône pontifical. Ces deux évêques allaient de l'une à l'autre armée pour les accorder, mais elles ne voulaient entendre à rien.

Edouard, que la mort de Robert d'Artois venait d'irriter encore davantage, ne voulait pas accorder de trêve, quelles que fussent les conditions. Il disait qu'il ne s'en irait que vainqueur ou vaincu.

Les choses en étaient là quand le messager qu'Edouard avait envoyé chercher le comte de Salisbury revint.

Dès son arrivée il vint trouver le roi.

— J'ai rempli votre message, Monseigneur, lui dit-il.

— Et le comte? demanda le roi.

— Le comte n'est pas au château de Wark.

— Et où est-il?

— Nul ne le sait, Sire. Il est venu un

jour et dans la même journée, il est reparti seul et sans dire ni où il allait, ni s'il reviendrait.

A cette nouvelle, Edouard devina un malheur.

— Et la comtesse, fit-il, l'avez-vous vue.

— Non, monseigneur. Tout ce que j'ai pu apprendre, c'est que la comtesse avait sans doute perdu un parent qui lui était bien cher, car elle ne sortait pas de son oratoire et menait un grand deuil.

— C'est bien, fit le roi.

Et il s'éloigna pensif.

VIII.

A partir de ce moment, Edouard fut plus accessible aux propositions de trève que lui firent les deux évêques, car il avait hâte de revenir en Angleterre et d'approfondir les causes du départ mystérieux de Salisbury et du grand deuil de la comtesse.

En conséquence, il fut convenu que les deux armées se retireraient et que des ambassadeurs seraient envoyés par les deux rois, le 19 janvier de l'année suivante, à Malestroit, où le traité serait conclu.

La France chargea de cette mission Eudes, duc de Bourgogne, et Pierre, duc de Bourbon.

L'Angleterre confia ses pouvoirs à Henri, comte de Lancastre, et à Guillaume de Bohun.

Quant à Édouard, il revint à Londres, et ce fut alors qu'il apprit l'exécution des seigneurs Bretons et Normands. Cette exécution coïncidait si parfaitement avec le départ de Salisbury, qu'il ne douta plus qu'il n'eût été trahi par le comte.

La position était grave pour Édouard.

Robert d'Artois venait de mourir, Salisbury l'abandonnait, la Bretagne et la Normandie, sur lesquelles il avait tant compté, lui étaient fermées par la mort de leurs chevaliers, et la connaissance que Philippe avait prise du traité de Clirsson avec l'Angleterre.

Alix, qu'il aimait toujours et qu'il aimait même plus encore qu'autrefois, le maudissait sans doute du fond de son deuil. Il fallait donc qu'Édouard rejetât sur quelqu'un la colère que ces circonstances amassaient dans son cœur.

Ce fut comme toujours la France qui en hérita.

Nous avons vu qu'Édouard avait déjà envoyé faire une déclaration de guerre à Philippe par Hervey de Léon.

Ce n'était pas tout.

Comme on se le rappelle, d'Artevelle était venu lui offrir les Flandres pour son fils. Édouard s'en souvint, et avant de se rendre à Gand, il donna au comte Derby le commandement de l'armée qui devait aller attaquer la Guienne.

Nous allons d'abord suivre le comte et nous irons ensuite accompagner le roi et voir quels évènements il trouva à son arrivée chez son compère d'Artevelle.

Lorsque tous les préparatifs furent faits, les gens venus, les vaisseaux frêtés et appareillés, le comte prit congé du roi et s'en vint à Hantonne où était toute sa flotte ; là il s'embarqua et cingla vers Bayonne, où ils prirent terre et déchargèrent toutes leurs provisions. Puis ils s'acheminèrent vers Bordeaux, où ils furent reçus avec grande joie, tant ceux de Bordeaux les aimaient.

Le comte fut logé à l'abbaye de Saint-Andrieu et tous ses gens demeurèrent dans la ville.

La nouvelle de l'arrivée du comte Derby parvint vite au comte de Lille, qui tenait Bergerac pour le roi de France. Il fit donc aussitôt avertir ceux qui voulaient se rallier à lui de l'y venir rejoindre, et tous les seigneurs qui se tenaient en l'obéissance de Philippe accoururent.

C'étaient le comte de Comminge, le comte de Pierregort, le vicomte de Carmaing, le vicomte de Villemur, le comte de Valentinois, le comte de Mirande, le seigneur de Duras, le seigneur de Taride, le seigneur de la Barde, le seigneur de Pincornet, le vicomte de Castelbon, le seigneur de Chateauneuf, le seigneur de Lescun et l'abbé de Saint-Siloier.

Quand ils furent tous réunis, le comte de Lille, en leur faisant part du danger, leur demanda ce qu'il y avait à faire pour le parer. Ils répondirent qu'ils étaient assez forts pour tenir le passage de la Dordogne à Bergerac contre les Anglais.

Au bout de quinze jours que le comte Derby séjournait en la cité de Bordeaux, il apprit que les chevaliers Gascons se tenaient à Bergerac et il fit tous ses préparatifs pour partir le matin.

Conséquemment il fit maréchaux de son armée messire Franque de Halle et messire Gautier de Mauny, que nous avons perdu de vue depuis le moment où le chevalier aventureux qu'il avait mortellement blessé lui avait raconté comment son père avait été tué par Jean de Levis et comme quoi le tombeau de Le

Borgne de Mauny se trouvait dans la ville de La Réole.

Messire Gautier, tout au service du roi d'Angleterre, n'avait pas encore eu le temps d'accomplir la fin de son vœu qui consistait à aller rechercher les restes paternels pour les faire transporter en Hainaut, puisque la moitié de ce vœu était déjà accomplie par la mort du chevalier aventureux, fils du meurtrier de son père.

Quand l'armée fut ordonnée ainsi elle se mit en marche, et après avoir cheminé trois lieues elle s'arrêta au châtel de Monlucq, distant d'une petite lieue de Bergerac.

Les Anglais restèrent là tout le jour et toute la nuit en attendant les coureurs qu'ils avaient envoyés jusqu'aux barrières de Bergerac et qui devaient venir leur dire dans quelles dispositions était l'armée du comte de Lille.

Dès le matin ils se mirent à table, car ils voulaient avoir dîné de bonne heure dans le cas où il leur faudrait livrer la bataille ce jour-là même.

Ils étaient encore à table lorsque les coureurs reparurent et annoncèrent qu'ils avaient trouvé à l'armée du comte de Lille une assez mince apparence.

Alors Gautier de Mauny regarda le comte Derby en disant :

— Monseigneur, il me vient une envie.

— Laquelle?

— Mais il faudrait pour cela que nous fussions tous gens résolus et experts.

— Parlez alors.

— Ce serait de boire à notre souper des vins de ces seigneurs de France qui se tiennent en garnison à Bergerac.

— C'est une excellente envie, messire, que je comprends parfaitement et que j'exécuterai volontiers.

Les compagnons qui entendirent Gautier de Mauny et le comte parler ainsi délibérèrent ensemble et se dirent:

— Allons nous armer, car il paraît que

nous chevaucherons prochainement devant Bergerac.

En un instant ils furent armés et les chevaux sellés.

— Quand le comte Derby vit les gens en si bonnes dispositions il fut tout joyeux et s'écria :

— Or, marchons au nom de Dieu et de Saint-Georges au-devant de nos ennemis.

De grands cris répondirent à cette exhortation et tous, malgré la chaleur du jour, armes en mains et bannières déployées, coururent sur Bergerac.

La tactique de l'armée anglaise fut simple comme elle l'était toujours. Quand elle fut à une portée de flèche de l'ennemi, le comte fit avancer ses archers qui commencèrent à tirer avec tant d'adresse et d'ensemble que la confusion se mit dans les rangs des Français. Au bout de peu de temps on combattait corps à corps et de part et d'autre on attaquait et l'on se défendait vaillamment. Cependant les Français furent repoussés jusque dans les faubourgs et le sire de Mauny qui fit ce jour-là de belles appertises d'armes s'avançait si avant dans les ennemis qu'on le rappelait en vain. Le vicomte de Bosquentin, le sire de Chateauneuf, le vicomte de Chateaubon, le sire de l'Escure, restèrent prisonniers aux mains des

Anglais qui ne se retirèrent que lorsque lassés de combattre et de tuer ils virent ceux qui avaient survécu se réfugier dans le fort, en fermer la porte et gagnant les guérites d'en haut assaillir les assiégents de pierres et de traits.

Ce qui n'empêcha pas Gautier de Mauny de satisfaire l'envie qu'il avait eue de boire du vin de France, car les Anglais en trouvèrent ainsi que des viandes de quoi vivre largement pendant deux mois si besoin était.

Le comte Derby qui n'était pas venu là pour y séjourner, fit sonner ses trompettes dès le lendemain matin et donner l'ordre de commencer l'assaut, qui se fit et dura jusqu'à none. Mais si fortement qu'ils combattissent, les Anglais ne gagnèrent rien à cette attaque, car il y avait dans la ville de vaillants gens d'armes qui se défendaient de tout cœur.

Les Anglais abandonnèrent donc l'attaque par terre, et, après avoir tenu conseil, décidèrent que le lendemain ils attaqueraient Bergerac par eau; car la ville n'était fermée que de palissades. Le maire de Bordeaux mit donc à leur disposition plus de quarante nefs qui stationnaient inutilement au hâvre de Bordeaux, et dont l'arrivée, le lendemain au soir, fit pousser des cris de joie aux assiégeants.

La nuit se passa à faire les préparatifs de l'assaut qui devait avoir lieu le lendemain.

Le siége ne fut pas long.

Comme devant Vennes, les archers criblèrent les assiégés pendant que les autres détruisaient les palissades, et cela si promptement que ceux de Bergerac, voyant qu'ils ne pouvaient durer longtemps contre un pareil assaut, allèrent trouver le comte de Lille et lui dirent :

— Seigneur, regardez ce que vous voulez faire, nous sommes au moment d'être perdus, il vaudrait peut-être mieux que nous nous rendissions au comte Derby avant d'avoir essuyé de plus grands dommages.

— Allons où il y a du danger, répondit le comte de Lille, car nous ne sommes pas de ceux qui doivent se rendre ainsi.

Et tous les chevaliers s'en vinrent aux palissades, qu'ils défendirent de leur mieux, accompagnés de leurs arbalétriers génois qui, bien et dûment armés contre les traits des Anglais, tiraient sûrement et firent tout ce jour grand dégât parmi les ennemis.

Mais les Anglais parvinrent enfin à abattre un pan de palissade, et, à partir de ce moment, il n'y eut plus d'espoir pour les assiégés.

Alors ils demandèrent que le combat cessât, et qu'il leur fût accordé jusqu'au surlendemain, pour qu'ils délibérassent s'ils devaient continuer ou se rendre.

Ce sursis leur fut concédé, mais à la condition que, pendant ce temps, ils ne répareraient pas leurs palissades, ce à quoi ceux de Bergerac consentirent d'autant plus volontiers qu'ils ne pouvaient faire autrement.

Les barons de Gascogne se réunirent donc en grand conseil, et le résultat de leurs délibérations fut qu'ils n'avaient rien de mieux à faire qu'à se charger de tout ce qu'ils possédaient et à partir au plus vite.

En effet, à minuit ils montèrent à cheval, et chevauchèrent vers La Réole qui était peu éloignée de Bergerac.

Le lendemain, les Anglais qui désiraient entrer dans la ville, soit qu'elle se rendît, soit autrement, montèrent en leurs nacelles et s'en vinrent là où ils avaient commencé de détruire la palissade. A ce moment ils aperçurent les assiégés qui leur criaient qu'ils étaient prêts à se rendre, à condition qu'on leur laisserait la vie et les biens saufs.

Le comte de Penebroch et le comte de Kenfort retournèrent porter ces nouvelles au comte Derby qui, noble de cœur, répondit aussitôt :

— Qui merci demande, merci doit avoir : dites-leur qu'ils ouvrent leur ville et nous laissent entrer dedans ; nous les assurons de nous et des autres.

Les deux chevaliers allèrent donc reporter à ceux de Bergerac la réponse du comte : et ce jour, qui était le 26 août 1345, les Anglais prirent possession de la ville de Bergerac.

Hommes et femmes s'assemblèrent sur la place, on sonna les cloches, et après avoir mené le comte Derby en la grande église, ils lui jurèrent féauté et hommage au nom du roi d'Angleterre, en vertu du pouvoir dont il était revêtu.

Maintenant nous allons voir ce qu'é-
taient devenus les seigneurs de Gascogne qui s'étaient retirés à La Réole.

IX

Quand le comte de Lille et les chevaliers gascons se furent retirés à La Réole, ils tinrent conseil et prirent avis qu'ils devaient se séparer pour faire des garnisons aux différentes places que les Anglais devaient successivement attaquer.

Les chefs de ces garnisons, furent à Montauban, le sénéchal de Toulouse ; à Auberoche, le comte de Villemur ; à Vellagrue, messire Bertrand des Prez ; à Montagrie, messire Philippe de Dijon ; à Maudurant, le sire de Montbrandon ; à Lamougies, Ernoult de Dijon ; à Beaumont en Laillois, Robert de Malmort ; à Rennes en Agenois, messire Charles de Poitiers ; et ainsi les autres chevaliers de garnison en garnison.

Ils se séparèrent donc tous les uns des autres, et le comte de Lille demeura à La Réole, et fit tellement et si bien réparer la ville et la forteresse qu'il n'y avait garde qu'on l'attaquât avant un mois ou deux.

Après la prise de Bergerac et deux jours de repos dans cette ville, le comte Derby prit à son tour de nouvelles dispositions. Il s'informa donc du sénéchal de Bordeaux, de quel côté il devait marcher, celui-ci lui conseilla d'aller devant Pierregord, et de gagner la Haute-Gascogne, ce que fit le comte, après avoir laissé à Bergerac un capitaine nommé messire Jean de La Zouene.

Voilà donc de nouveau les Anglais en campagne et peu disposés à laisser sur leur passage le moindre château sans le prendre. C'est ainsi qu'ils rencontrèrent

celui de Langon, et qu'ils s'y arrêtèrent
en disant qu'ils ne passeraient pas avant
de l'avoir pris. L'assaut commença immédiatement. Le premier jour ils ne firent rien; mais le second, ayant comblé
les fossés avec du bois et des fagots, ils
arrivaient sans danger jusqu'aux murs,
si bien que le château demanda le temps
de se consulter, et que le résultat de la
délibération fut qu'il serait rendu aux
Anglais.

Le comte Derby prit donc possession
du château de Langon, dont il confia la
garde à un capitaine du nom d'Aymon
Lyon et à trente archers, puis ils reprirent leur route et s'acheminèrent vers le

château du Lac, comme s'ils n'avaient eu, ainsi qu'une marrée, que le temps but d'envahir.

Quand ceux du Lac virent avec quelle rapidité l'ennemi s'emparait des places et des châteaux, ils apportèrent au comte Derby les clés de la ville, et le reconnurent seigneur, au nom du roi anglais. Peu de temps après il était devant le château de Lamougie, après avoir laissé garnison à la forteresse du Lac.

Puis les Anglais prirent Prisart, La Liène, Fossat, assez facilement, et Beaumont en l'Artois devant laquelle ils restèrent trois jours, après quoi, ils s'acheminèrent sur Montagrée dont ils firent le gouverneur prisonnier et l'envoyèrent à Bordeaux. Enfin, ils arrivèrent devant Lille, la ville souveraine du comte que messire Philippe de Dyou et messire Arnoult de Dyou, dont la captivité avait été de courte durée, gardaient comme capitaines.

Le siège commença par les archers et le second jour les bourgeois de la ville qui craignaient pour leurs femmes et leurs enfants virent bien qu'ils ne pourraient tenir longtemps. Ils prièrent donc deux chevaliers de traiter avec les Anglais et d'obtenir leurs vies sauves.

Les chevaliers se chargèrent d'autant plus volontiers de cette mission, que comme les bourgeois ils prévoyaient parfaitement l'issue qu'aurait une plus longue résistance. Ils envoyèrent donc un héraut au comte Derby, lui faisant demander un jour de répit. Le comte voulait qu'ils se rendissent sur-le-champ, et il ne consentit à accorder ce qu'on lui demandait qu'à la condition qu'on lui donnerait des ôtages, moyennant quoi ceux de la ville seraient libres d'aller où bon leur semblerait. Les conditions furent accordées et les gens d'armes de Lille s'en allèrent rejoindre ceux de La Réole.

S'il nous fallait suivre cette expédition dans tous ses détails, il nous faudrait élargir considérablement le cadre de ce livre. Disons seulement qu'après avoir pris Bonneval, les Anglais entrèrent en la comté de Pierregord, mais ils ne l'assaillirent point, car elle était défendue de telle façon qu'ils virent tout de suite qu'ils y perdraient leur peine. Cependant ils s'étaient assez avancés en reconnaissant le pays pour que ceux de Pierregord les eussent vus.

— Puisqu'il sont venus jusqu'ici sans nous attaquer, c'est qu'il ne sont pas en force suffisante. A notre tour d'aller les visiter cette nuit. Seulement nous, nous les réveillerons.

Les Français sortirent donc de Pierregord et s'avancèrent jusqu'à la forteresse de Pillagrue, où s'étaient retirés les Anglais. A leur tour ils donnèrent l'assaut, et l'on se battit vaillamment de part et d'autre.

Le comte de Kenfort fut pris par les Gascons au moment où il s'armait pour aller combattre, et ceux-ci satisfaits de leur prise se retirèrent avant que le reste de l'armée, informé de ce qui se passait, vînt au secours de son chef.

On se rappelle que les Anglais avaient pris aux Gascons, dans le commencement de l'expédition, quatre chevaliers, le vicomte de Bosquentin, le vicomte de Châteaubon, le sire de l'Escun et le sire de Châteauneuf. Après avoir assailli le château de Pillagrue pendant six jours et sans aucun résultat, car il était défendu par messire Bertrand des Prés, un vaillant capitaine, les Anglais proposèrent de rendre les quatre prisonniers qu'ils avaient fait en échange du comte de Kenfort, et l'échange fut accepté. Une fois le comte de Kenfort revenu, le comte de Lille abandonna Pillagrue et reprenant sa route sans se laisser décourager par cet échec, il arriva devant Auberoche, qui se rendit presqu'aussitôt, ainsi que la ville de Libourne, que le comte de Derby quitta après y avoir laissé une garnison commandée par messire Richard de Stanfort, messire Etienne de

Tornby et messire Alexandre Auriel, puis il retourna à Bordeaux avec le comte de Kenfort et Gautier de Mauny et ils y furent reçus en grand triomphe. Le comte s'arrêta quelque temps dans cette ville; et son retour y fut fêté par de nombreuses fêtes où s'ébattaient joyeusement les dames et les bourgeois de la ville.

Le comte de Lille qui avait été informé des conquêtes du comte et qui n'avait pu s'y opposer, crut qu'à cause des différentes garnisons que ce dernier avait mises dans les différentes villes qu'il venait de prendre, son armée devait être épuisée et incapable de résister à une vigoureuse attaque. En outre, il le voyait séjourner à Bordeaux et restait bien convaincu qu'il ne se remettrait pas de sitôt en expédition. En conséquence, il mit le siège devant Auberoche faisant donner l'ordre à tous ceux qui se tenaient Français de l'y venir rejoindre.

Les comtes de Carmaing, de Comminges, Brumckel et tous les barons de Gascogne se rendirent à cet ordre, et après avoir assemblé et équipé leurs gens, retournèrent devant Auberoche au jour indiqué par le comte.

Alors commença un siège terrible.

Les Français se logèrent autour d'Auberoche et firent venir quatre machines d'où ils lançaient continuellement des pierres et des traits sur la ville assiégée, tellement que les toits des maisons étaient effondrés et que leurs habitants ne trouvaient de refuges que dans les caves. Le bruit de cette attaque était bien parvenu jusqu'au comte Derby, mais il ne se doutait pas qu'elle fût aussi sérieuse et sachant ceux qu'il avait laissés en garnison de bons et vaillants chevaliers, il ne s'en inquiétait aucunement et continuait de séjourner à Bordeaux.

Cependant quand messire Franque de Halle, messire Alain de Finefroide et messire Jean de Lindehalle, capitaine de la garnison d'Auberoche se virent en cette position, ils délibérèrent entr'eux afin de savoir quel parti ils avaient à prendre. Ils demeurèrent d'accord que si le comte Derby savait à quel point ils en étaient, il viendrait évidemment à leur secours et qu'il n'y avait autre chose à faire qu'à l'en avertir.

Mais l'ambassade était périlleuse, et aucun d'eux ne pouvait s'en charger, car en cas de mort, il retirait un puissant soutien aux assiégés. Ils demandèrent donc à leurs valets quel était celui d'entr'eux qui voulait gagner une forte somme en se chargeant de ce message dangereux.

Il s'en présenta un qui dit qu'il s'en chargerait moins pour gagner de l'argent que pour sauver les assiégés du péril où ils étaient.

On attendit la nuit.

La nuit venue, les trois chevaliers remirent à cet homme une lettre pour le comte Derby, scellée de leurs trois sceaux, et que pour plus de sûreté ils cousirent dans le drap de son habit, puis ils le firent descendre dans le fossé qui environnait la ville.

Quand il fut là, il escalada le talus opposé et commença de s'avancer au milieu du camp ennemi, puisqu'il ne pouvait faire autrement, les Français entourant la ville, comme nous l'avons dit tout à l'heure.

Il n'avait pas fait cent pas qu'il rencontra un guet.

— Où allez-vous, lui demanda-t-on...

Heureusement le messager parlait gascon, de sorte qu'il répondit :

— Je rentre au camp, je suis un homme au vicomte de Carmaing.

Le guet passa, et le valet continua sa route.

Cinquante pas plus loin il fut rencontré par d'autres valets à qui il voulut donner les mêmes explications, mais il ne fut pas aussi heureux cette fois, et on le conduisit devant le chevalier du guet, qui le fit garder, en attendant que les seigneurs du camps fussent levés.

Dès que le jour parut on les informa de la prise qui avait été faite.

Le valet fut amené devant le comte de Lille.

— D'où venez-vous, lui dit le comte.

— De la ville, répondit le valet.

— Et pourquoi l'avez-vous quittée ?

— Parce que j'étais las d'y être assiégé, et que j'aimais mieux me sauver que d'attendre que la ville capitulât ou qu'on la prît.

— Et dans quel état sont les assiégés ? demanda le comte.

— En assez mauvais état, messire, et s'ils tiennent huit jours encore, c'est tout ce qu'ils pourront faire.

Le messager espérait tromper ainsi la surveillance du comte, mais celui-ci se défiait encore, car il ajouta :

— Pourquoi avez-vous répondu hier que vous apparteniez au vicomte de Carmaing qui ne vous connaît pas.

— Parce que, fit le valet avec un certain embarras, je voulais traverser le camp au plus vite, et que j'avais plus court de dire cela que de donner au guet, qui ne les eût pas comprises, les raisons que je vous donne.

— C'est bien, vous serez libre, fit le comte, mais quand on vous aura fouillé et que l'on sera sûr que vous n'êtes ni un espion ni un messager.

Malgré lui, le valet porta la main à l'endroit de son habit où était cousue la lettre. C'était se dénoncer lui-même.

On s'empara de lui, on le fouilla, on trouva la lettre, qui fut lue au milieu des acclamations de joie des seigneurs français à qui elle apprenait dans quel triste état se trouvait la ville, et la lecture faite, le messager fut emmené au sommet d'une des machines d'où l'on assiégeait la ville.

Là il fut mis dans une de ces immenses frondes qui lançaient les plus lourds projectiles. On lui pendit les lettres au col et on le jeta dans Auberoche où vint tomber son cadavre au milieu des chevaliers consternés à la fois de la mort de ce vaillant homme et de la non-réussite du dernier moyen qui leur restât.

Pendant ce temps-là, le comte de Pierregord, messire Charles de Poitiers, le vicomte de Carmaing et le sire de Duras étaient montés à cheval, et passant le plus près qu'ils pouvaient des murs de la forteresse, ils criaient à ceux de dedans et pour les railler.

— Seigneurs, seigneurs Anglais, demandez donc à votre messager où il à trouvé le comte Derby et comment il se fait qu'il soit déjà revenu de son voyage.

— C'est bien, c'est bien, répondit Franque de Halle, nous sommes enfermés ici, mais nous en sortirons quand il plaira à Dieu et au comte Derby ; et plût à Dieu que le comte sût en quel état nous sommes, car alors il n'y aurait nul d'entre vous assez avisé pour tenir la bataille, et si vous voulez l'en avertir, l'un de nous se mettra en prison chez vous et vous le rançonnerez après comme le plus riche gentilhomme.

— Non pas, répondit le sire de Duras, le comte Derby les aura quand nos engins auront rasé votre ville jusqu'au sol, et que pour avoir vos vies sauves vous nous demanderez merci.

— Ceux dont nous tenons ici la place, vos compatriotes, s'écria messire Alain de Finefroide nous ont demandé merci à nous, mais nous qui sommes en plus mauvais état qu'eux, nous ne demandons merci à personne, et quand la ville se rendra, c'est que nous serons tous morts et qu'elle n'aura plus personne pour la défendre.

Voyant cela, les chevaliers français revinrent au camp, et les trois chevaliers anglais qui ne savaient plus d'où leur pouvait venir le secours, restèrent à Auberoche, regardant cette pluie de pierres qui fondaient sur leur ville et qui semblaient plutôt tomber du ciel qu'être lancées par la main des hommes.

Cependant il y avait dans le camp français un espion que l'on n'avait pas pris comme le messager d'Auberoche, et qui revint dire à Gautier de Mauny et au comte Derby la position où se trouvait la ville.

— Par ma foi, s'écria le comte, ce sont trop braves chevaliers ceux qui se tiennent si franchement dans une ville assiégée de la sorte, pour que nous les y laissions périr. Qu'en pensez-vous messire Gautier.

— Je pense, répondit Gautier qui était toujours prêt quand il s'agissait de bravoure et de bataille, que mon père attendra encore un peu dans son tombeau de La Réole et que je vous suivrai à Auberoche, messire.

X

Aussitôt, car il n'y avait pas de temps à perdre, le comte Derby fit dire au comte de Pennebroch qui se tenait en Bergerac, et à messire Richard de Staffort et Etienne de Tornby de le venir joindre.

Les messages faits et envoyés, le comte Derby partit secrètement de Bordeaux et se dirigea sur Auberoche.

Il arriva à Libourne où il attendit tout un jour que le comte de Pennebroch arrivât mais le jour se passa sans qu'on eût de nouvelles du comte, et Derby se remit en route tant il était pressé de porter secours à ses compagnons.

Toute la nuit Gautier de Mauny, messire Richard de Staffort, le comte Derby, le comte Deslendorf, messire Hue de Hartingues, messire Etienne de Tornby, le sire de Ferrières et beaucoup d'autres encore chevauchèrent sans s'arrêter une minute, et se trouvèrent le lendemain à deux petites lieues d'Auberoche.

Arrivés là ils se cachèrent dans un bois, descendirent de leurs chevaux, les lièrent aux arbres les laissant brouter et attendant le comte de Pennebroch.

Mais le comte n'arriva pas plus que la veille, ce dont s'inquiétaient fort Derby et les autres chevaliers.

Ils montèrent sur une hauteur et ne voyant rien venir :

— Qu'allons-nous faire, dit le comte à Gautier de Mauny.

— Décidez, messire, répondit celui-ci.

— Nous avons trois cents lances et six

cents archers, et les Français sont dix ou onze mille hommes.

— Il est vrai, répondit Gautier, mais ils ne se doutent pas que nous sommes là. Puis, si nous nous retirons, nous perdrons le château d'Auberoche qui est une bonne place, sans compter les trois capitaines qui sont de braves chevaliers.

— Allons donc, fit le comte Derby. Mais maintenant comment attaquerons-nous le camp ?

— Voulez-vous mon avis, demanda Gautier.

— Parlez, messire, vos avis sont toujours bons.

— Eh bien, seigneurs, dit de Mauny en

se tournant vers les autres chevaliers, mon opinion est qu'il faut côtoyer ce bois en restant à couvert jusqu'à ce que nous soyons de l'autre côté et près du camp français. Une fois là nous enfoncerons nos éperons dans le ventre de nos chevaux et nous crierons de toutes nos forces pour faire croire plus en nombre que nous ne sommes effectivement. Nous arriverons sur le camp vers l'heure du souper, et vous verrez les Français si surpris et si ébahis qu'ils se tueront eux-mêmes.

— Qu'il soit fait comme vous le dites, s'écrièrent tous les seigneurs.

Chacun reprit son cheval, le sangla étroitement, fit resserrer son armure et ordonnant à ses pages et valets de rester là, ils se mirent à chevaucher tout doucement jusqu'à ce qu'ils fussent arrivés de l'autre côté du bois.

Alors ils virent le camp français établi en un grand val auprès d'une petite rivière.

Arrivés là, ils déployèrent leurs bannières, lancèrent leurs chevaux au galop et tombèrent sur tous ces seigneurs français qui étaient loin de s'attendre à cette attaque et dont la plupart même étaient déjà assis pour souper.

Il y eut donc grande confusion dans l'armée gasconne et les Anglais ne cessaient de frapper en criant :

— Derby, Derby au comte ! Mauny, Mauny au seigneur.

Puis ils se mirent à briser les tentes et les pavillons, à abattre, à tuer au point que l'on eût dit une boucherie plutôt qu'une bataille.

Les Français ne savaient que faire. Ces impassibles archers anglais, espèce de muraille d'airain, fortification vivante, meurtrière et invincible, étaient toujours là et les tuaient sans grâce ni merci.

A peine s'ils eurent le temps de s'armer. Le comte de Lille fut pris dans sa tente, ainsi que le comte de Pierregort. Le sire de Duras et messire Louis de Poitiers furent tués et le comte de Valentinois fut pris. Bref on ne vit jamais tant de vaillants chevaliers être vaincus ou tués aussi vite et chacun fuyait. Il est vrai de dire que le comte de Comminges, les vicomtes de Carmaing, de Villeneuve, de Bruniques, le sire de La Barde et le sire de Taride, qui étaient logés de l'autre côté du château, arrivèrent leurs bannières déployées, et se battirent bravement. Mais messire Franque de Halle et messire Jean de Lindehalle qui étaient au château d'Auberoche, quand ils virent cette grande mêlée et reconnurent leurs bannières, s'armèrent et firent armer tous ceux qui étaient avec eux. Puis ils montèrent à cheval, sortirent de la forteresse et se jetèrent au plus fort de la bataille, ce qui ne fut pas d'un mince secours aux Anglais. Enfin la nuit seule sauva le reste de l'armée française, car lorsqu'elle survint il y avait déjà trois comtes, sept vicomtes, trois barons, quatorze bannerets et un grand nombre de chevaliers au pouvoir des Anglais.

Le lendemain, le comte de Pennebroch arriva et trouva la besogne faite.

— Certes, cousin, dit-il au comte Derby, il me semble que vous ne m'avez point fait honneur en ne m'attendant pas et en combattant sans moi, moi que vous aviez mandé si instamment; vous deviez bien savoir cependant que je n'aurais pas de hâte que je ne fusse venu.

Le comte se mit à rire en voyant le visage vraiment courroucé de Pennebroch.

— Par ma foi, cousin, répondit-il, nous désirions autant vous voir arriver que vous pouviez désirer venir, et la preuve c'est que nous vous avons attendu à Libourne depuis le matin jusqu'à vêpres. Quand nous vîmes que vous ne veniez pas nous en fûmes tout étonnés. Alors comme nous craignions que l'ennemi ne sût notre venue, nous nous sommes dépêchés et tout est venu à bien comme vous le voyez.

Vous n'avez plus rien à faire qu'à nous aider à garder nos prisonniers et à les mener à Bordeaux. Et sur ce, messire, donnez-moi la main et ne parlons plus de cela, car voici l'heure du souper et nous avons ce soir des hôtes nouveaux et avec lesquels vous allez faire connaissance.

En effet, ils se mirent bientôt à table et à cette table étaient assis les prisonniers français que les chevaliers anglais traitaient courtoisement avec les provisions, il est vrai, que ceux-là avaient apportées pour le temps que durerait le siège et dont ceux du comte Derby s'étaient emparés.

Après le souper plusieurs prisonniers semblaient regretter non pas la rançon à laquelle ils étaient mis, mais la liberté qu'on leur prenait jusqu'à ce qu'ils eussent payé cette rançon.

— Seigneurs, leur dit alors le comte Derby, donnez-moi votre parole de vous retrouver dans huit jours à Bergerac et dès ce soir vous pouvez quitter Auberoche.

Les seigneurs français s'y engagèrent et comme pas un d'eux n'était homme à manquer à sa parole, le comte les laissa libres de se retirer, ce qu'ils ne firent pas sans lui avoir manifesté toute leur reconnaissance pour cette générosité. Mais il y en eut parmi eux qui se trouvant bien de l'hospitalité que les Anglais leur donnaient ou qui ne pouvant payer leur rançon au jour indiqué préférèrent attendre les circonstances et jusque-là rester avec ceux qui les avaient pris.

Le lendemain, les Anglais se mirent en route et arrivèrent à Bordeaux où, comme toujours, ils furent reçus avec de grandes acclamations et où, suspendant toute expédition, ils restèrent tout l'hiver après avoir envoyé à Edouard le récit de ce qui s'était passé.

XI

A Pâques l'armée se remit en mouvement. Le comte Derby fit une réunion de gens d'armes et d'archers pour marcher sur La Réole, ce que Gautier de Mauny attendait, comme on se le rappelle, avec une grande impatience.

Après avoir séjourné trois ou quatre jours à Bergerac, les Anglais, au nombre de mille combattants et de deux mille archers, mirent le siège devant le château de Saint-Basile, sur la Garonne.

Ceux du château, qui auraient dû être défendus par les seigneurs de Gascogne, restés prisonniers du comte, ne firent aucune résistance et se rendirent immédiatement.

Le comte se remit en chemin et marcha sur l'Aiguillon.

Mais il y avait sur la route un autre château, appelé la Roche-Milon, que les Anglais voulurent prendre.

Malheureusement, la Roche-Milon

était pourvu de vaillants soldats qui ne se rendirent pas comme ceux de Saint-Basile, et qui repoussèrent vigoureusement la première attaque. Pour cela, ils étaient montés sur le sommet de l'édifice, et de là jetaient aux assaillants des pierres, du bois, des barres de fer et de la chaux.

Toute la première journée se passa ainsi, et le soir les Anglais avaient perdu beaucoup de leurs hommes, qui s'étaient trop bravement exposés dans l'attaque, et qui avaient voulu lutter contre ce nouveau genre de défense.

Quand il vit cela, le comte Derby fit retirer son armée, et fit apporter par les paysans force bûches et fagots que l'on jeta dans les fossés, et même de la terre dont on les recouvrit.

҉

Quand une partie des fossés fut comblée, et quand on put aller sûrement jusqu'au pied des murs, le comte fit avancer trois cents archers et deux cents brigands, soldats de pied, qui tiraient leur nom de la cotte de maille qu'ils portaient et que l'on appelait brigandine. Ces hommes étaient armés de pieux et de pioches, et pendant qu'ils abattaient la muraille, les archers tiraient avec cette régularité et cette adresse que nous leur connaissons, si bien que nul des assiégés n'osait se montrer à la défense.

Une grande partie du jour se passa de la sorte, et le soir les brigands avaient pratiqué un trou assez grand pour que dix hommes y passassent de front.

Ceux du dedans commencèrent alors à s'épouvanter et à s'enfuir vers l'église. Il y en eut même qui se sauvèrent de la ville par derrière.

La forteresse ne pouvait plus tenir longtemps.

Elle fut prise et pillée, et tous ceux qui furent trouvés dedans passés au fil de l'épée, à l'exception de ceux qui s'étaient réfugiés dans l'église. Mais le comte Derby leur permit de sortir, leur promettant la vie sauve.

Le comte rafraîchit la garnison de nouvelles gens, et y établit deux capitaines qui étaient Wille et Robert l'Escot, après quoi il alla mettre le siège devant Mont-Ségur, qui était défendue par un chevalier nommé Battefol, dans lequel les habitants avaient la plus grande confiance, car il avait été placé là par le comte de Lille, qui le regardait comme un de ses plus vaillants capitaines.

Aussi le comte Derby comprit-il tout de suite que cette ville se défendrait plus longtemps que les autres.

En conséquence, il fit établir son armée devant la ville, et resta quinze jours ainsi.

Pas un jour ne se passa sans qu'il n'y eut assaut.

Mais ces assauts n'amenaient aucun résultat.

Il fallut donc faire venir de Bordeaux et de Bergerac des machines de siège semblables à celles dont s'étaient servis les Gascons pour attaquer Auberoche, et qui avaient été si fatales au messager des sires Franque de Halle et Alain de Finefroide.

Le siège commença alors plus sérieusement.

Les machines faisaient pleuvoir sur la

ville une grêle de pierres qui ne laissaient debout ni murs, ni toits, ni maisons.

Et cependant le comte Derby envoyait tous les jours dire aux assiégés que s'ils se rendaient il les tiendrait pour amis; mais qu'ils ne devaient attendre ni grâce ni merci, s'ils ne se remettaient pas en l'obéissance du roi d'Angleterre.

Ceux de Mont-Ségur, qui prévoyaient bien la fin de ce siège, se consultèrent souvent et finirent par demander avis à leur capitaine de ce qu'il leur restait à faire, lui avouant franchement qu'ils croyaient que la capitulation seule pouvait les sauver.

Hugue de Battefol les blâma durement

d'une pareille pensée, et leur dit qu'ils s'effrayaient à plaisir, ajoutant que la ville était encore assez bien pourvue pour tenir le siège pendant six mois.

Ceux à qui il disait cela ne répondirent rien et s'éloignèrent.

Quant à Hugue, il rentra chez lui.

Le soir, comme il sortait pour visiter les remparts, six hommes se présentèrent et le saisissant par les bras et les jambes, l'emportèrent après avoir eu soin de lui bâillonner la bouche.

Hugue essaya de se défendre, mais ce fut en vain.

On le transporta ainsi dans un couvent, on l'enferma dans une cellule, et il entendit les verroux extérieurs se refermer sur lui, sans pouvoir rien comprendre à cette incarcération violente.

Une heure après environ, il entendit des pas s'arrêter devant sa porte, qui s'ouvrit bientôt donnant passage à douze bourgeois de la ville.

— Nous venons vous faire une proposition, Messire, dit l'un de ces hommes.

— Dites.

— Savez-vous pourquoi nous vous avons fait enlever?

— Parce que j'ai refusé de rendre la ville.

— Oui, et que nous qui avons nos femmes, nos pères et nos enfants en péril de perdre la vie, si la ville est prise, nous aimons mieux la rendre que de les perdre.

Hugue ne répondit rien.

— Alors, reprit celui qui avait pris la parole, comme nous vous savons brave et vaillant chevalier, nous avons pensé que vous ne rendriez la place que par force et nous avons voulu vous y contraindre.

— Et vous avez eu tort.

— Ainsi, vous refusez?

— Je refuse. Je suis ici au nom du comte de Lille, et le comte de Lille m'y a mis au nom du roi de France. Rendez la ville si bon vous semble, puisque je ne puis me défendre, mais moi je ne la rendrai pas.

— Demain nous viendrons vous consulter une dernière fois, reprit le bourgeois, et avec les onze autres il se retira.

Le lendemain, en effet, les douze bourgeois revinrent.

— Avez-vous réfléchi, Messire? dit celui qui avait parlé la veille.

— Oui.

— Et vous avez décidé?

— Ce que j'avais décidé hier.

Les douze hommes se regardèrent.

— Mais la ville est assiégée de telle façon qu'elle sera prise avant huit jours.

— Mon devoir est de me faire tuer ici.

— Votre devoir est de sauver la vie de ceux qui vous sont confiés.

— Alors, laissez-moi ici et rendez la ville.

— Et si nous trouvions un moyen de tout concilier ?

— Voyons ce moyen.

— Vous relevez du comte de Lille ?

— Oui.

— Eh bien ! envoyons demander au comte Derby de suspendre le siège pendant un mois, en lui promettant de nous rendre à lui si dans ce mois nous n'avons pas reçu de secours.

— Il refusera.

— On peut essayer.

— Faites.

— Pendant ce temps nous ferons demander des secours au comte de Lille, et si nous n'en recevons pas, vous serez alors libre de faire ce à quoi les circonstances vous contraindront.

— Je consens à ce moyen, dit messire de Battefol.

— Alors venez avec nous, Messire.

— Et pourquoi?

— Parce qu'il faut que ce soit vous qui traitiez de ces conditions.

Le chevalier se leva.

— Je vous suis, Messieurs.

Ils se rendirent aux remparts, et le

sire de Battefol envoya dire à Gautier de Mauny qu'il désirait lui parler.

Gautier était là et se rendit immédiatement aux désirs du chevalier.

— Messire, lui dit ce dernier, vous ne vous devez pas étonner si nous tenons si longtemps contre vous, puisque nous avons juré fidélité au roi de France ; mais puisque personne ne vient de sa part nous aider à vous combattre, nous vous demandons de ne nous plus faire la guerre pendant un mois ni nous à vous. D'ici là, ou le roi de France, ou le duc de Normandie nous porteront secours, sinon dans un mois, jour pour jour, nous

nous rendrons à vous. Acceptez-vous ces conditions.

— Je ne puis rien faire sans l'aveu du comte Derby, répondit Gautier ; mais je vais le consulter aussitôt, et faire tout mon possible pour qu'il accepte ce que vous me proposez.

A ces mots, Gautier quitta les barrières de la ville et retourna auprès du comte Derby auquel il raconta ce qui venait de se passer.

Le comte réfléchit quelques instants, puis il dit :

— J'accepte ce que messire de Battefol propose, mais à une condition.

— Laquelle ?

— C'est qu'en garantie de ces conditions, il nous donnera comme ôtages douze des principaux de la ville. Mais ayez bien soin, ajouta le comte, de prendre de bons ôtages, et faites-leur promettre qu'ils ne répareront pas pendant ce mois les traces de notre attaque, et que si nous avons besoin de vivres, nous les pourrons avoir dans la ville moyennant nos deniers. *

— Telle était mon intention, dit messire Gautier de Mauny.

Et il quitta le comte pour se rendre auprès du chevalier qui l'attendait toujours aux barrières de la ville.

— Le comte Derby consent à ce que

vous demandez, dit Gautier de Mauny, mais à la condition que vous lui remettrez en ôtage douze des bourgeois de la ville.

— Nous voilà, dirent ceux qui étaient venus demander à Hugues de rendre Mont-Ségur.

Les conditions furent donc acceptées, et le soir les douze ôtages partaient pour Bordeaux.

Quant au comte Derby, il n'entra pas dans la ville, il continua ses courses dans le pays, pillant et faisant grand butin, car ce pays était fort riche.

Ce fut ainsi qu'il arriva assez près d'Aiguillon.

Or, il y avait à ce château d'Aiguillon un châtelain qui était loin d'être un vaillant chevalier, car dès qu'il apprit l'arrivée du comte Derby, et avant même que celui-ci n'eût mis le siège devant sa ville, il courut au-devant de lui et lui en remit les clés, demandant seulement que lui et les biens de la ville et du château fussent saufs, ce que le comte lui accorda aisément comme on le pense bien.

Mais le bruit de cette capitulation volontaire se répandit vite, et il en rejaillit une grande honte sur le châtelain, dont heureusement l'histoire n'a pas conservé le nom.

Ceux de la ville de Toulouse furent

surtout courroucés de cette lâcheté, et ils firent demander le châtelain d'Aiguillon sans dire pourquoi ils le demandaient ; mais quand il y fut, ils l'accusèrent de trahison, lui firent son procès et le pendirent à la grande joie des Toulousains.

Cette ville d'Aiguillon, située au confluent du Lot et de la Garonne, deux rivières portant navires, était une si bonne prise pour le comte Derby, qu'après l'avoir rafraîchie et réparée de tout ce dont elle avait besoin, il en fit son garde-corps, dit Froissard, et la confia au vaillant Jean de Gomory, lorsqu'il se remit en route pour assiéger La Réole, après avoir, comme toujours, assiégé et pris sur son chemin un château que l'on appelait Segrat et dont toute la garnison fut tuée.

XII

Le comte Derby s'en alla donc mettre le siège devant La Réole.

— Voilà une ville qu'il nous faut prendre, dit Gautier de Mauny, en arrivant devant les barrières, car il faut que j'y aille conquérir le tombeau de mon père, et ce m'est une croisade aussi sacrée que celle du saint roi Louis de France.

— Nous la prendrons tout comme les autres, fit le comte Derby, que la réussite de son expédition encourageait de plus en plus. Vous retrouverez le tombeau de votre père, Messire, mais, avant cela, il faut que vous rendiez encore un service à notre gracieux roi Édouard.

— Lequel?

— Celui d'aller rappeler au chevalier Hugues de Battefol que la trève qu'il nous a demandée est expirée, et que la ville nous appartient, à moins qu'il n'ait reçu du renfort du roi de France ou du duc de Normandie.

— C'est bien, Messire, fit Gautier de Mauny.

Et il partit pour la ville de Mont-Ségur.

Le renfort attendu n'était pas arrivé.

Conséquemment, Hugue de Battefol, esclave de la parole qu'il avait donnée au comte Derby, comme il avait été esclave de celle donnée au comte de Lille, rendit à Gautier de Mauny la ville dont il était le capitaine et devint sujet du roi d'Angleterre.

Pendant ce temps-là le siège de La Réole continuait.

Les Anglais, qui séjournèrent deux

mois entiers devant cette ville, avaient fait charpenter deux tours colossales, et chacune de ces tours était placée sur quatre roues.

Ces tours étaient toutes couvertes de cuir bouilli du côté qui regardait la ville, et se trouvaient ainsi défendues du feu et des flèches.

A force d'hommes, les Anglais amenèrent ces deux tours jusqu'aux murs de la ville, car ils avaient préalablement fait combler les fossés de façon à conduire leurs tours plus à leur aise et plus près.

Chaque tour avait trois étages, et chaque étage cent archers qui, dès que leur citadelle mouvante fut en place, commencèrent à tirer sans obstacle, sans interruption et sans danger.

A peine s'il apparaissait de temps en temps sur les remparts quelque soldat. Encore fallait-il qu'il fût bien cuirassé pour pouvoir résister à cette grêle de flèches.

Entre ces tours étaient placés ces mêmes hommes qui, avec des pioches et des pieux, avaient percé une brèche dans les murailles de Mont-Ségur, et qui là, comme toujours, faisaient merveille ; car protégés par le tir incessant des archers, non-seulement ils travaillaient à leur aise, mais, comme Épaminondas, ils auraient pu dire qu'ils travaillaient à l'ombre.

Évidemment la ville allait être prise quand les bourgeois épouvantés accoururent à l'une des portes, demandant à parler soit au seigneur de Mauny soit à quelque autre seigneur de l'armée.

Mauny et Stanfort se rendirent dans la ville, dont ils trouvèrent les habitants prêts à capituler si on leur laissait la vie et les biens saufs.

Les deux seigneurs après avoir entendu ces propositions rejoignirent le comte Derby à qui ils les communiquèrent.

Mais il y avait un capitaine de la ville

qui ne la voulait pas plus rendre que Hugue de Battefol ne voulait rendre Mont-Ségur. Ce capitaine se nommait Agnos-de-Baux.

Quand il sut quelle était l'intention des habitants de La Réole, il ne voulut pas y souscrire ; et, se renfermant dans la forteresse, il appela à lui tous ses compagnons, puis, pendant que ces pourparlers avaient lieu, Agnos-de-Baux faisait apporter et renfermer dans son château une grande quantité de vivres et de vins, après quoi il en fit fermer les portes en jurant qu'il ne se rendrait pas.

Gautier de Mauny et le sire de Stanfort revinrent dire au comte Derby que ceux de La Réole voulaient se rendre, sauf le capitaine qui s'était renfermé dans le château.

— Retournez donc auprès d'eux, dit le comte, et voyez s'ils continuent à vouloir se rendre malgré le refus du sire de Baux.

Les deux chevaliers retournèrent à La Réole, et il leur fut de nouveau répondu que le capitaine était libre de faire ce qu'il voulait, comme les habitants étaient libres de se rendre si tel était leur plaisir; qu'en conséquence, ils persistaient, et que le comte n'avait plus qu'à venir recevoir leur soumission.

— Prenons toujours la ville, dit le

comte Derby, ensuite nous prendrons le château.

Les Anglais se rendirent donc à La Réole et reçurent l'hommage des habitants qui s'engagèrent sur leurs têtes à ne porter aucun secours à ceux de la forteresse qui, d'ailleurs, pouvait bien se défendre toute seule, car elle était de construction sarrazine et reputée imprenable.

Le comte après avoir pris possession de la ville, cerna le château qu'il fit assaillir de pierres, mais inutilement, car les murs étaient solides et il était pourvu de bonnes gens et de grande artillerie.

Quand messire Gautier de Mauny et le

comte virent qu'ils perdaient leur temps à attaquer ainsi, ils demandèrent à leurs mineurs s'il était possible de miner le château de La Réole. Sur la réponse affirmative de ceux-ci, on se mit à l'œuvre.

Cette façon d'attaquer devait évidemment prendre plusieurs jours. Gautier de Mauny s'approcha donc du comte, et lui dit :

— Messire, vous savez que j'ai un pieux devoir à remplir ici, et je vais, puisque je suis momentanément inutile, tâcher de découvrir enfin le tombeau de mon père.

Allez, dit le comte, et que Dieu vous aide, messire.

Gautier de Mauny fit alors savoir par la ville qu'il donnerait cent écus de récompense à celui qui lui indiquerait le tombeau de son père.

Le soir, un homme fit demander à Gautier de Mauny s'il pouvait lui parler.

Gautier le fit entrer.

C'était un homme de cinquante à cinquante-cinq ans environ.

— Messire, dit-il, en regardant avec attention Gautier, vous avez voulu connaître la tombe de votre père.

— Oui.

— Et vous n'aviez aucun indice.

— Au contraire, le fils de son meurtrier m'avait indiqué le cimetière du couvent des Frères-Mineurs, en me disant que la tombe, sur laquelle il y avait le mot : *Orate*, était celle de mon père. Mais j'ai cherché en vain, et n'ai point trouvé cette tombe.

— Elle existe cependant.

— Et vous allez me l'indiquer.

— Oui.

— Merci, ami ; vous savez quelle récompense j'ai promise.

— Oui, mais je ne veux rien.

— Pourquoi ?

— Parce que c'est un devoir que je remplis et non un marché que je fais.

— Quel intérêt avez-vous donc à me rendre service.

— Il y a un an que mon frère est mort. Il avait été longtemps au service de Jean de Levis, et...

Le vieillard hésita.

— Continuez, fit Gautier de Mauny.

— Et le soir où messire Jean de Levis attendit messire Lebocque de Mauny, il était accompagné de mon frère.

— De sorte que..... dit d'un ton ému messire Gautier.

— De sorte que mon frère embrassa trop chaudement la vengeance de son maître, et qu'avant de mourir, c'est-à-dire vingt-trois ans après cet évènement, ce crime torturait encore sa conscience. Il mourut en me disant de prier pour lui, et je crois que la meilleure prière que je puisse faire à Dieu, c'est de rendre au fils de la victime le cadavre de son père.

— C'est bien, murmura Gautier, mais comment ce mot latin qui devait me servir à reconnaître la tombe a-t-il été effacé?

— Parce que, messire, la vue de ce mot me faisait souffrir, et que j'ai cru en l'effaçant du marbre sur lequel il était écrit, effacer en même temps le souvenir de ce crime. Mais le souvenir était gravé en lettres ineffaçables et quoique je fusse innocent du meurtre, les remords de mon pauvre frère étaient si obstinés qu'on eût dit qu'ils n'avaient pas assez d'une conscience à tourmenter, et que lui mort, j'en devais hériter. Voilà pourquoi, messire, je ne veux rien recevoir de vous, car j'espère que ce que je fais aujourd'hui apaisera un peu la colère du ciel.

— C'est bien, allons, mon ami, dit le comte en tendant la main au frère du meurtrier de son père, et que Dieu pardonne comme je le fais.

Les deux hommes s'acheminèrent alors vers le cimetière des Frères-Mineurs, complètement désert à ce moment.

Gautier était pris d'un recueillement profond. Son compagnon marchait devant lui.

Après quelques détours, l'homme s'arrêta devant une tombe dont la pierre était couverte d'herbes grimpantes.

— C'est ici, messire, dit-il. Vous avez à prier sans doute. Moi, je vais attendre à la porte du cimetière les ordres que vous avez peut-être encore à me donner.

Et il s'éloigna laissant Gautier de Mauny seul.

Alors Gautier s'inclina, fit une longue prière, et revint auprès de celui qui l'avait guidé.

— Maintenant, lui dit-il, un dernier service.

— Parlez, messire.

— Amenez-moi quatre fossoyeurs, car

j'ai fait vœu de transporter le cadavre de mon père en un autre pays.

L'homme amena les quatre fossoyeurs, et deux jours après, messire Gautier de Mauny après avoir mis les restes de son père dans un cercueil de chêne, les envoyait à Valenciennes, dans le comté de Hainaut, où ils devaient être enterrés avec tous les honneurs dûs à un vaillant capitaine, père d'un brave chevalier.

Pendant ce temps-là, les mineurs avaient continué leur besogne tant et si bien, qu'ils arrivèrent sous le château, et qu'ils abattirent une basse tour des enceintes du donjon. Mais ils ne pouvaient rien contre la grande tour, car elle était bâtie sur une roche impossible à creuser.

Messire Aghos-de-Baux s'était bien aperçu que l'on minait sa forteresse, et la chose était assez grave pour lui donner à réfléchir.

Il réunit donc ses compagnons et leur fit part de cette découverte, leur demandant ce qu'il y avait à faire pour se maintenir dans le château.

Ceux-ci, tous braves, n'étaient cependant pas de ceux qui se laissent inutilement mourir, quand ils peuvent sortir d'embarras autrement.

Ils répondirent donc à leur capitaine :

— Messire, vous êtes notre maître, et nous vous devons obéir. Mais nous est avis que nous nous sommes bien conduits jusqu'à cette heure, et qu'il vaudrait peut-être mieux, puisque c'est notre dernier moyen de salut, nous rendre honorablement au comte Derby, à la condition qu'il nous laissât nos biens.

— C'est mon avis ainsi, répondit Aghos.

Et mettant la tête à une des basses fenêtres, il fit signe qu'il voulait parler à quelqu'un de l'armée ennemie, quel qu'il fût.

Un homme vint qui lui demanda ce qu'il voulait :

— Je veux parler au comte Derby, dit le sire de Baux.

Le comte était curieux de savoir ce que le capitaine voulait lui dire. Il monta aussitôt à cheval, et, accompagné de Gautier de Mauny et de messire Stanfort, il se rendit auprès du chevalier, qui lui fit aussitôt les propositions qu'il venait de résoudre avec ses compagnons.

— Messire Aghos, dit le comte, nous ne vous laisserons pas en aller ainsi. Nous savons bien que nous vous avons si durement assiégé que nous vous aurons quand nous voudrons, car votre forteresse ne repose que sur étais. Rendez-vous donc à notre discrétion, c'est seulement ainsi que nous vous recevrons.

— Certes, répondit le chevalier de Baux, si nous prenons ce parti, je vous connais assez généreux, Messire, pour savoir que nous n'aurions rien à redouter de vous, et que vous nous traiteriez comme vous traiteraient dans le même cas le duc de Normandie ou le roi de France. Mais ce serait peut-être exposer quelques soudoyers que nous avons ici, que j'ai ramenés de Provence, de Savoie et du Dauphiné, et que vous ne traiteriez peut-être pas aussi bien que nous. Et sachez bien que si le plus petit d'entre nous ne devait pas être reçu à merci comme le plus grand, nous préférerions nous renfermer de nouveau et vendre chèrement notre vie. Veuillez donc y réfléchir, Messire, et traitez-nous avec la loyauté dont les guerriers usent entre eux.

Les trois chevaliers se retirèrent alors pour se consulter, et le résultat de leurs réflexions fut, comme toujours, qu'on prendrait les assiégés aux conditions qu'ils demandaient.

Ajoutons bien vite que la crainte que la grosse tour ne résistât longtemps encore aux mineurs, ne fut pas d'un petit poids dans la générosité des assiégeants.

— Nous vous accordons ce que vous demandez, dit le comte au chevalier, mais à la condition toutefois que vous n'emporterez d'ici que vos armures.

— Ainsi soit fait, dit messire Aghos de Baux.

Et tous se préparèrent immédiatement à partir.

Mais ils s'aperçurent qu'il n'y avait que six chevaux dans la forteresse, et que ce nombre était loin d'être suffisant.

Ils firent donc demander aux Anglais de leur en vendre, et ceux-ci les leur vendirent un tel prix, qu'ils regagnèrent par ce commerce les rançons qu'ils avaient perdues par la générosité de leur chef.

Messire Aghos de Baux partit du château de La Réole, et les Anglais, après en avoir pris possession, se rendirent à Toulouse.

Le lendemain de leur départ, l'homme

qui avait indiqué à Gautier de Mauny le tombeau de son père, reçut de celui-ci, non pas la somme qu'il avait promise, mais le triple de cette somme.

XIII

Maintenant laissons le comte Derby continuer sa conquête que nous avons jusqu'ici suivie pas à pas, laissons-le prendre Mont-Férat, Villefranche et Angoulême, et voyons ce que faisait Édouard III pendant ce temps-là.

On se rappelle que Jacques d'Artevelle avait offert au roi d'Angleterre de faire son fils, le prince de Galles, seigneur de Flandre, et de faire de la Flandre un duché.

En conséquence, Édouard III réunit autour de lui barons et chevaliers, et leur fit part de la résolution qu'il avait prise de mener son fils à l'Écluse, pour y être investi du titre promis par d'Artevelle, les priant de l'accompagner, ce que chevaliers et barons s'empressèrent de faire.

Le roi avec toute sa troupe se rendit au port de Sandwich, et le 8 juillet 1545 s'y embarqua.

Il arriva bientôt au Hâvre de l'Écluse,

où il resta et où venaient constamment le visiter ses amis de Flandre.

Mais de toutes ces visites, il résulta bientôt pour le roi d'Angleterre une chose certaine, c'est que son compère d'Artevelle ne jouissait plus d'une aussi grande faveur qu'autrefois, et qu'il s'était bien hardiment avancé en promettant de dépouiller le comte Louis, son seigneur naturel, en faveur du prince de Galles.

Cependant d'Artevelle venait assiduement visiter Édouard III, et le rassurait autant qu'il le pouvait sur les suites de la négociation, ce qui n'empêcha pas, un soir, le roi de s'en ouvrir franchement avec son compère.

— Il me semble, maître, disait Édouard à d'Artevelle, tout en se promenant sur le pont de *la Catherine*, vaisseau si grand et si gros, qu'au dire de Froissard, c'était merveille à voir, il me semble, maître, que notre engagement ne s'exécute pas aussi promptement que vous l'aviez promis. Et cependant vous êtes homme de conseil et d'expérience; car je me souviens de votre première entrevue, et je me rappellerai toujours les sages avis que vous m'avez donnés. Aujourd'hui j'ai eu une entrevue avec les conseillers de vos bonnes villes de Flandre, et ils m'ont paru fort embarrassés de me donner une réponse définitive qu'ils m'ont cependant promise pour demain. D'où vient cela, maître? A mesure que vous avez grandi en renommée, avez-vous donc perdu en puissance.

— Monseigneur, répondit d'Artevelle, que le roi n'avait jamais vu si soucieux, je me suis engagé à donner la Flandre à votre fils, votre fils l'aura. Mais, vous comprenez qu'un tel royaume ne passe pas sans secousse d'une main dans une autre; et qu'il y a entre celui qui donne et celui qui reçoit bien des gens qui le tiraillent à eux. Je n'ai rien perdu de mon influence, je l'espère du moins, mais tout homme, quand il grandit, jette une ombre plus grande et cache d'autant plus de gens jaloux de lui. On sait mon dévoûment à Votre Seigneurie, et l'on craint que ce dévoûment ne m'entraîne un peu loin. Tout ce qu'il faut, c'est faire comprendre à ces bonnes gens qui vous êtes et le bien que je leur veux en les donnant à vous. Et, ajouta d'Artevelle, s'ils ne comprennent pas de bon gré, il faudra bien qu'ils comprennent de force.

— Vous vous fâcheriez, maître d'Artevelle, et pour moi! fit Édouard.

— Je ne pourrais, à vrai dire, me fâcher pour une plus noble cause, Monseigneur; oh! vous ne me connaissez encore que comme homme de conseil, vous me connaîtrez peut-être un jour comme homme d'action, et alors celui que le roi d'Angleterre appelle en riant son compère deviendra peut-être sérieusement l'ami de son auguste allié.

— Je sais déjà, maître, que vous êtes un homme de précautions, et qu'il y a peu de souverains aussi bien gardés que vous.

— Et qui vous a dit cela, Monseigneur?

— Un ambassadeur que vous avez envoyé autrefois au roi d'Angleterre, et qui est revenu à Gand avec Walter, l'ambassadeur du roi Edouard.

— Gerard Denis, fit d'Artevelle en pâlissant malgré lui.

— Lui-même. Un chef de tisserands, je crois.

— Et qu'est devenu cet homme? demanda le roi d'un air indifférent.

— Ce qu'il est devenu, Monseigneur? rien encore! mais Dieu sait ce qu'il deviendra.

— Le commerce l'a-t-il enrichi?

— Malheureusement, Monseigneur, il s'occupait d'autre chose que de commerce.

— Et de quoi donc?

— De politique.

— C'est de votre faute, maître. Pour-

quoi en avez-vous fait un ambassadeur?
Il vous était attaché, cependant.

— Comme le chien à sa chaîne, Monseigneur, et parce qu'il ne pouvait faire autrement; mais s'il doit m'arriver malheur un jour, ce sera par cet homme.

— Mais, si je me rappelle bien la conversation que j'eus avec lui peu avant le voyage que nous fîmes ensemble, il me dit que vous étiez entouré d'hommes si dévoués que vous n'aviez qu'à faire un signe pour que vos ennemis disparûssent. Il se trompait donc?

— Il ne se trompait pas pour les autres, mais, malheureusement, il se trompait pour lui. Aujourd'hui Gérard Denis a un parti, Gérard Denis est presque dangereux, et essayer de se débarrasser de lui ce serait presque reconnaître sa force, et en tous cas ce serait s'exposer. Si nous trouvons maintenant de l'opposition à nos projets, c'est de cet homme qu'elle nous vient. Aussi...

D'Artevelle sembla hésiter s'il continuerait sa phrase.

— Aussi? reprit le roi comme pour inviter Jacques à compléter son idée.

— Aussi voulais-je vous engager, Monseigneur, à ne le point recevoir dans le cas où il se présenterait ici. Il ne peut y venir que dans de mauvais desseins.

A peine Jacquemart avait-il achevé

ce dernier mot, que Robert, celui-là même qui avait accompagné le roi lors de son premier voyage à Gand, s'approcha d'Édouard et lui dit :

— Monseigneur, un homme vient d'aborder qui demande à parler à Votre Seigneurie.

Pendant ce temps d'Artevelle s'était éloigné et attendait au bout du pont qu'Édouard revînt à lui.

— Et que veut cet homme? demanda le roi.

— Il veut vous parler, Monseigneur.

— S'est-il nommé?

— Non, Monseigneur ; mais je l'ai reconnu.

— Et c'est ?

— Celui avec qui voyageait Monseigneur quand j'eus l'honneur de l'accompagner à Gand.

— Gérard Denis, murmura Édouard, maître Jacques l'avait prévu. C'est bien: Robert, continua le roi en s'adressant au valet, fais entrer cet homme dans mon appartement et dis-lui de m'attendre.

Robert s'éloigna, et Édouard se rapprocha de d'Artevelle.

— Eh bien ! maître, dit le roi, demain nous saurons à quoi nous en tenir, n'est-ce pas ?

— Oui, Monseigneur.

— Car vous comprenez que je ne puis rester toute ma vie dans ce port de l'Ecluse. J'ai un vœu à accomplir et vous seul me retardez.

— Comptez sur moi, Sire, fit d'Artevelle qui, au ton dont le roi avait dit les dernières paroles, avait compris qu'il devait s'éloigner, comptez sur moi et défiez-vous des autres.

Jacquemart s'inclina et quittant le pont du vaisseau, il descendit dans sa barque qui le reconduisit à terre.

Le roi descendit dans l'entre-pont, et trouva Gérard Denis qui l'attendait.

Le chef des tisserands n'était plus

tout-à-fait le même qu'autrefois : son costume était toujours aussi simple, mais son visage avait changé. Une certaine fierté était le caractère dominant de sa physionomie, et Édouard comprit tout de suite, en le revoyant, qu'il employait à des commerces plus graves que les achats de laine la finesse dont la nature l'avait doué et qui éclairait ses petits yeux, dont le regard était plus assuré et plus pénétrant qu'autrefois.

Cet homme avait sur le visage un air de fausse loyauté auquel un politique moins fin qu'Édouard se fut laissé prendre, mais qui ne pouvait tromper le royal compère de d'Artevelle. Il était facile de voir que Gérard Denis avait toutes les mauvaises passions de Jacquemart, mais qu'il n'avait pas tout l'esprit de son rival pour les déguiser. Il avait la ruse qui conçoit, mais il devait manquer de l'adresse qui exécute. Il était fin, mais il devait arriver un moment où la brutalité dominerait la finesse. Cela venait sans doute de ce qu'il n'était pas ambitieux par intérêt, mais par imitation. C'était un de ces hommes qui, en voyant s'élever un de leurs semblables, le prennent en haine et veulent s'élever, non pas à côté de lui, mais à sa place. Ils n'ont l'idée de grandir que parce qu'ils voient grandir les autres, et, au lieu d'appliquer leurs facultés au triomphe de leur ambition, ils l'appliquent à la destruction de l'homme qui les gêne; si bien que le jour où ils ont pris la place de leur rival, leur haine étant assouvie, ils ne savent plus que faire, et ne sont que les obscurs plagiaires de leurs prédécesseurs.

Gérard Denis était envieux. Nous avons vu au commencement de cette histoire qu'il détestait personnellement d'Artevelle. Si Jacquemart fût resté un simple brasseur, Gérard fût resté un simple tisserand. Quand un homme du peuple s'élève tout-à-coup, comme d'Artevelle, il fait éclore aussitôt parmi ceux-là même qui devraient le soutenir, puisqu'il sort de leur classe, des haines mystérieuses et continues qui ébranlent sourdement la position qu'il s'est faite.

Gérard enviait la fortune de d'Artevelle comme un enfant envie le jouet d'un autre enfant, sans raison et pour le briser quand à son tour il le possédera.

Du reste Gérard consentait volontiers à ne pas être ruthwaert, mais à la condition que d'Artevelle ne le serait plus.

Quoiqu'il en soit, pendant que Jacques était devenu quelqu'un, Gérard était devenu quelque chose, et tel qu'il était, il venait visiter le roi Édouard III.

Quand le roi se trouva en face de Gérard, celui-ci le regarda fixement, et lui dit après s'être incliné :

— Maître Walter, je suis heureux de vous revoir, car j'ai gardé bon souvenir de notre voyage ; aussi implorerai-je de vous la faveur de parler le plus tôt possible à votre gracieux souverain.

— Suivez-moi donc, maître Gérard, fit le roi en souriant, car j'ai gardé un aussi bon souvenir que vous du voyage que j'ai eu le plaisir de faire avec vous.

Et ce disant, le roi fit entrer Gérard dans une chambre dont il ferma lui-même la porte, après avoir fait asseoir son visiteur.

— Vous vouliez parler au roi d'Angleterre, maître, lui dit-il, eh bien! parlez, le roi d'Angleterre vous écoute.

FIN DU QUATRIÈME VOLUME.

Alexandre CADOT, Editeur

De MM. Alexandre Dumas, Gondrecourt,
Marquis de Foudras, Paul Féval,
Alexandre Dumas fils.

32, RUE DE LA HARPE.

NOUVEAUTÉS.

OUVRAGES ENTIÈREMENT TERMINÉS.

Alexandre Dumas.

Les Quarante-cinq.	10 vol.
Mémoires d'un Médecin	20 vol.
Les deux Diane	10 vol.
(Ce roman n'a pas paru en feuilletons).	
La fille du Régent.	4 vol.
Le Bâtard de Mauléon	9 vol.
Le chevalier de Maison-Rouge.	6 vol.

Alexandre Dumas fils.

La Dame aux camélias.	2 vol.
Aventures de quatre femmes.	6 vol.

Marquis de Foudras.

Les Chevaliers du Lansquenet.	10 vol.
Madame de Miremont.	2 vol.
Lilia la tyrolienne.	4 vol.
Suzanne d'Estouville.	4 vol.
La comtesse Alvinzi	2 vol.
Tristan de Beauregard.	4 vol.

A. de Gondrecourt.

Les péchés mignons	5 vol.
Médine.	2 vol.
La Marquise de Candeuil.	2 vol.
Un ami diabolique.	5 vol.
Les derniers Kerven.	2 vol.

Ouvrages entièrement terminés.

Le Château d'Auvergne, par *Élie Berthet*. . .	2 vol.
Un amour dans le grand monde.	2 vol.
Mikaël le Moldave, par *la comtesse Dash*. . . .	2 vol.
Le Paradis des femmes, par *Albert de Calvimont*.	2 vol.
Les Exilés, par Madame *Louise Collet*.	2 vol.
L'Ouvrier gentilhomme, par *Max. Perrin*. .	2 vol.
Lieutenant et comédien, par *M. de St-Hilaire*.	2 vol.
Histoire d'une grande dame, par *Jules Lacroix*.	2 vol.
Le droit chemin, par *Bernard*.	2 vol.
Les sept baisers de Buckingham, par *Gonzalès et Moléri*.	2 vol.
L'Aigle et la Colombe, par *Remy*.	2 vol.
Un mauvais ange, par *Jules Lacroix*	3 vol.
Les mères d'actrices, par *Couailhac*.	3 vol.
La Grisette parvenue, par *Maximilien Perrin* .	2 vol.
Un gentilhomme d'aujourd'hui, par *A. de Lavergne*	3 vol.
Piquillo Alliaga, par *Eugène Scribe*.	11 vol.
La Jeunesse de Paris, par le *vicomte de Lorembert*	2 vol.
Le cadet de Colobrières, par *Madame Reybaud*.	2 vol.
Le protecteur mystérieux, par *H B*. . .	2 vol.
L'amour qui passe, par *Paul de Kock*. . . .	2 vol.
L'abbé de Choisy, par *Roger de Beauvoir*. . .	3 vol.
Les Francs-Juges, par *Emmanuel Gonzalès*. . .	2 vol.
Manoir et Châlet, par *Hippolyte Bonnellier*. .	2 vol.
Les deux Marguerite, par *Madame Reybaud*. .	2 vol.
Une sombre histoire, par *Mortonval*. . . .	2 vol.
La princesse des Ursins, par *Alex. de Lavergne*.	2 vol.
Mémoires d'une somnambule, par *J. Lacroix*.	5 vol.
Cric-Crac, par *Édouard Corbière*.	2 vol.
Les Flavy, par *Madame de Bawr*	2 vol.
Fauvella, par *Hippolyte Bonnellier*	2 vol.
Édouard Mongeron, par *Louis Reybaud*. . . .	vol.
Les vrais mystères de Paris, par *Vidocq*. . .	7 vol.

Ouvrages entièrement terminés.

La fille à Jean Remy, par *Maximilien Perrin*.	2 vol.
Une femme compromise, par *Molé Gentilhomme*	2 vol.
Mademoiselle Zacharie, par *Desnoiresterres*.	2 vol.
Les Bandits, par *Paul Féval*.	2 vol.
Le provincial à Paris, par *Balzac*.	2 vol.
Les parens pauvres, par *Balzac*.	12 vol.
Saturnin Fichet, par *Frédéric Soulié*.	9 vol.
Mademoiselle de la Seiglière, par *J. Sandeau*.	2 vol.
Le château de Saint-James, par *Molé Gentilhomme*.	4 vol.
Une veuve inconsolable, par *Méry*.	2 vol.
Martin l'enfant trouvé, par *Eugène Sue*.	12 vol.
Le réveil-matin, par *Alphonse Brot*.	2 vol.
La guerre de Nizam, par *Méry*.	5 vol.
La robe de noce, par *Madame Élise Voïart*.	2 vol.
El Mentidero, par le *comte Duhamel*.	2 vol.
Mémoires d'un prêtre.	5 vol.
Une nuit dans les bois, par le bibliophile *Jacob*.	2 vol.
La Circassienne, par *Alexandre de Lavergne*.	5 vol.
Un sanglant héritage, par *Jules Lacroix*.	2 vol.
Les trois sœurs, par *Arsène Houssaye*.	2 vol.
Madame de Chaumergis, par *Charles Rabou*.	2 vol.
Le meurtre racheté, par *Jules David*.	2 vol
Tel père tel fils, par *Jules David*.	2 vol.
Le passe-partout, par *Auguste Luchet*.	2 vol.
Frise-poulet, par *Lalandelle*	2 vol.
La Gorgonne, par *Lalandelle*	6 vol.
Deux femmes célèbres, par Mme *Louise Collet*	2 vol.
Mémoires de la Comtesse Valois Lamothe	2 vol.
L'Allée des Veuves, par *Charles Rabou*.	5 vol.
Madame Jean, par *Brisset*.	2 vol.
Rinaldo Rinaldini (*chef de brigands*).	2 vol.
Cascarinette, par *A. Ricard*.	2 vol.
Mémoires de ma cuisinière, par *Berthoud*.	2 vol.

Nouveautés en publication:

Le Vicomte de Bragelonne, par *Alex. Dumas*. . 4 vol.
L'Orgueil, par *Eugène Sue*. . . . . 4 vol.
Lord Algernon, par le Marquis *de Foudras*. . . 2 vol.
Le Véloce, par *Alexandre Dumas*. . . . . . 1 vol.
La Comtesse de Salisbury, par *Alex. Dumas*. . 5 vol.
La couronne navale, par *Lalandelle*. . . . . 4 vol.

Ouvrages sous presse:

La Comtesse de Salisbury, par *A. Dumas* (tomes 3 et 4).
Jacques de Brancion, par le Marquis *de Foudras*.
Les Gentilshommes chasseurs, par le Marquis *de Foudras*.
Le château de Blois, par *Alexandre Dumas*.
Les Amours d'un fou, par *Xavier de Montépin*.
Le Roman d'une femme, par *Alexandre Dumas fils*.
Un Drame en famille, par le Marquis *de Foudras*.
Les Belles de nuit, par *Paul Féval*.
Le docteur Servans, par *Alexandre Dumas fils*.
Les Viveurs d'autrefois, par le Marquis *de Foudras* et *Xavier de Montépin*.
Dame de cœur et Dame de pique, par le Marquis *de Foudras*.
La Chasse aux diamants, par *A. de Gondrecourt*.
Un Caprice de grande dame, par le Marquis *de Foudras*.
Le Bout de l'oreille, par *A. de Gondrecourt*.

Impr. de E. Dépée, à Sceaux (Seine.)

SOUS PRESSE :

LES BELLES DE NUIT,
Par PAUL FÉVAL

LES
AMOURS D'UN FOU,
Par XAVIER DE MONTÉPIN.

LE
CHATEAU DE BLOIS,
Par ALEXANDRE DUMAS.

LE PEUPLE,
Par Alexandre Dumas.

Impr. de E. Dépée, a Sceaux (Seine).

www.ingramcontent.com/pod-product-compliance
Lightning Source LLC
Chambersburg PA
CBHW060509170426
43199CB00011B/1381